Martti Nissinen
Reste altorientalischen Prophetentums in der Bibel

Centrum Orbis Orientalis et Occidentalis (CORO)
Zentrum für Antike und Orient

Akademie der Wissenschaften zu Göttingen
Georg-August-Universität Göttingen

Julius-Wellhausen-Vorlesung

Herausgegeben von
Reinhard G. Kratz und Rudolf Smend

Heft 9

De Gruyter

Martti Nissinen

Reste altorientalischen Prophetentums in der Bibel

De Gruyter

ISBN 978-3-11-074718-8
e-ISBN (PDF) 978-3-11-074825-3
e-ISBN (EPUB) 978-3-11-074830-7
ISSN 1867-2213

Bibliografische Information der Deutschen Nationalbibliothek

Die Deutsche Nationalbibliothek verzeichnet diese Publikation in der Deutschen Nationalbibliografie; detaillierte bibliografische Daten sind im Internet über http://dnb.dnb.de abrufbar.

© 2021 Walter de Gruyter GmbH, Berlin/Boston
Druck: CPI Books, Leck

www.degruyter.com

Inhalt

Reinhard Kratz
Einführung VII

Martti Nissinen
Reste altorientalischen Prophetentums in der Bibel 1

Von Schwärmern zu Männern vom selbständigen Geiste:
Die Entwicklung der Prophetie nach Wellhausen und seinen
Zeitgenossen 2

Das Wort Gottes 9

Verschriftlichung des prophetischen Gotteswortes 12

Die politische Bedeutung der Divination 15

Die Tempel als die „geistige Heimat" der Propheten 17

Prophetie als genderinklusives Phänomen 20

Die prophetische Ekstase 27

Kontinuität und Diskontinuität 33

Einführung

Reinhard Kratz
Georg-August-Universität Göttingen

Ein in der Forschung wenig beachtetes Buch von Julius Wellhausen aus seiner orientalistischen Phase trägt den Titel „Reste arabischen Heidentums", das 1887 in erster, 1897 in zweiter, erweiterter Auflage erschienen ist. In diesem Buch analysiert Wellhausen einschlägige arabische Quellen (namentlich ein geographisches Lexikon sowie den Hadith) und vergleicht sie mit nabatäischen und griechischen Inschriften, um auf diese Weise hinter die islamische Fassade zu blicken und die Kultpraktiken der Araber zu rekonstruieren, die vom Islam verworfen oder übernommenen und umgedeutet wurden. Er bezeichnet diese Stufe der Religionsgeschichte als „arabisches Heidentum" und meint damit sowohl den vorislamischen öffentlichen Kult als auch das, was wir heute Volksreligion nennen würden.

Für die Bibelwissenschaft ist dieses Buch von exemplarischer Bedeutung, vor allem in methodischer Hinsicht. Denn auch in der Hebräischen Bibel, dem Alten Testament, als auch im Neuen Testament haben wir es mit einer Literatur zu tun, in der ein älteres Stratum der israelitischen und judäischen Religion durch die späteren Theologien und Dogmen des Judentums und des davon abgeleiteten Christentums überlagert, dabei selektiert, verzeichnet oder übernommen und fundamental uminterpretiert wurde.

Insofern ist das Buch „Reste arabischen Heidentums" vielleicht der beste Beleg für das viel zitierte Selbstzeugnis Wellhausens, mit dem er in der 1882 erschienenen ersten Veröffentlichung auf dem Gebiet der Arabistik (Muhammed in Medina) seinen Austritt aus der theologischen und Wechsel in die philosophische Fakultät begründete: „Den Uebergang vom Alten Testament zu den Arabern habe ich gemacht in der

Absicht, den Wildling kennen zu lernen, auf den von Priestern und Propheten das Reis der Thora Jahve's gepfropft ist. Denn ich zweifle nicht daran, daß von der ursprünglichen Ausstattung, mit der die Hebräer in die Geschichte getreten sind, sich durch die Vergleichung des arabischen Altertums am ehesten eine Vorstellung gewinnen läßt." Das bedeutet: So wie man in der arabischen Überlieferung den Übergang von der vorislamischen Religionsform in den Islam beobachten und aus den Quellen rekonstruieren kann, so ist auch in der biblischen Überlieferung zu unterscheiden zwischen einer älteren – vor- und unbiblischen – Religionsform und dem späteren Judentum und Christentum.

Wellhausen selbst hat diese Unterscheidung nach seiner orientalistischen Phase am Ende seines Lebens im Neuen Testament meisterhaft durchgeführt. Für das Alte Testament, das Wellhausen noch vor der orientalistischen Phase analysiert hatte, finden sich bereits die Ansätze zu der Unterscheidung zwischen der älteren vor-biblischen und der späteren biblischen Religion, doch ist er hier auf halbem Wege steckengeblieben, vor allem bei den Propheten, die er im Geist des 19. Jahrhunderts als geniale Einzelgestalten auffasste. Die klare Unterscheidung, wie er sie in dem Buch „Reste arabischen Heidentums" und im Neuen Testament vorgeführt hat, steht daher noch aus.

In der alttestamentlichen Forschung ist die Aufgabe bisher nur von wenigen erkannt. Einer, der sie erkannt hat, ist der Redner des heutigen Abends, Prof. Martti Nissinen, den ich hiermit aufs herzlichste begrüße und Ihnen vorzustellen das Vergnügen habe.

Martti Nissinen ist Professor für Altes Testament und Alten Orient an der Theologischen Fakultät der Universität Helsinki in Finnland. In Fortsetzung des Werkes seines Vorgängers und Lehrers Timo Vejiola hat er Helsinki zu einem weltweit beachteten und anerkannten Zentrum der Bibelforschung gemacht. Er ist Mitglied der Finnischen Akademie der Wissenschaft und hat hier zuletzt ein auf 6 Jahre angelegtes *Centre of Excellence* geleitet, mit dem Titel *Changes in Sacred Texts und Translations*, das junge Nachwuchsforscher aus der ganzen Welt attrahiert und nach Helsinki geführt hat. Daneben ist er Chairman der Stiftung für das Finnische Institut im Mittleren Osten.

Schon früh – in seiner Dissertation über das Buch Hosea (1991) – hat sich Martti Nissinen mit dem Phänomen der Prophetie beschäftigt, ja man kann sagen, die Prophetie ist sein Lebensthema geworden, auch wenn er sich daneben mit anderen Themen, etwa dem Hohenlied und der Liebeslyrik im Alten Orient und Alten Testament sowie mit Sexualität, Homosexualität und Genderfragen in der orientalischen Antike beschäftigt und dazu wegweisende Beiträge publiziert hat.

Doch das Thema, das seine gesamte Forschertätigkeit bis heute dominiert, ist die Prophetie. Hierfür haben ihn seine zwei Lehrer vorbereitet: Zum einen der viel zu früh verstorbene Alttestamentler Timo Vejiola, der Göttingen und dem Stifter der Wellhausen-Vorlesung, Rudolf Smend, sehr verbunden war und Nissinen die Kunst der biblischen Exegese und insbesondere die Literarkritik der biblischen Bücher gelehrt hat; zum anderen der Altorientalist Simo Parpola, der Nissinen in die Altorientalistik eingeführt und ihn mit den altbabylonischen und neuassyrischen prophetischen Texten des Vorderen Orients vertraut gemacht hat. So hat Martti Nissinen denn auch eine Sammlung dieser altorientalischen prophetischen Texte mit englischer Übersetzung und Kommentierung herausgebracht (2003, zweite Auflage 2019), die sehr schnell zu einem Standardwerk für die Forschung und den akademischen Unterricht geworden ist. Ein ebensolches Referenzwerk ist die jüngst erschienene, umfängliche Monographie *Ancient Prophecy* (2017), eine Frucht seines Aufenthaltes am *Institute for Advanced Studies* in Princeton, in dem er das Phämomen der Prophetie im Alten Orient, in der Bibel und in der griechischen Welt untersucht und meisterhaft dargestellt hat. Zur begleitenden und vertiefenden Lektüre dieser komparatistischen Studie ist sodann 2019 eine Sammlung seiner Aufsätze zur Prophetie in der Reihe Beihefte zur Zeitschrift der Alttestamentlichen Wissenschaft bei De Gruyter erschienen.

Die intensive Beschäftigung mit der babylonischen und neuassyrischen Prophetie, für die Martti Nissinen der weltweit führende Experte ist, ist denn auch der Schlüssel für seine Herangehensweise an die biblischen Propheten und die Behandlung des Problems, das Wellhausen in seinem Buch „Reste arabischen Heidentums" aufgeworfen hat: die Unterscheidung zwischen der im Alten Orient üblichen, älteren Erscheinungsform der Prophetie, die ursprünglich wohl auch in Israel und Juda beheimatet war, und der Transformation in den biblischen Prophetenbüchern. Die historische Analogie für die biblische Überlieferung, die Wellhausen in der arabischen Überlieferung gefunden hatte, bilden hier die babylonischen und neuassyrischen Prophetien, die Wellhausen noch nicht kannte, aber für die Prophetie genau das liefern, was Wellhausen in der arabischen Überlieferung gesucht und als „Heidentum" bezeichnet hat: einen älteren Zustand der Religionsgeschichte. Es ist daher sicher kein Zufall – und er wird es uns sicher gleich erklären –, dass Nissinen in Anlehnung an Wellhausens Buch „Reste arabischen Heidentums" für seinen heutigen Vortrag das Thema „Reste der altorientalischen Prophetie in der Bibel" gewählt hat. Begrüßen wir also den Redner des heutigen Abends, auf dessen Ausführungen dazu wir alle sehr gespannt sind.

Reste altorientalischen Prophetentums in der Bibel

Martti Nissinen
Universität Helsinki

Es war mir eine große Ehre und Freude, die Julius-Wellhausen-Vorlesung am 4. Dezember 2019 halten zu dürfen. Schon seit den Tagen von meinen Lehrern Ilmari Soisalon-Soininen und Timo Veijola besteht eine langfristige altestamentliche Verbindung zwischen Helsinki und Göttingen. Diese Beziehung wird immer noch intensiv gepflegt, besonders durch die Beteiligung beider Universitäten an dem OTSEM Netzwerk[1] mit Prof. Dr. Reinhard Kratz sowie die Zugehörigkeit von Prof. Dr. Reinhard Müller zu dem von mir während der Jahren 2014–2019 geleiteten Centre of Excellence der Akademie von Finnland „Changes in Sacred Texts and Traditions".[2] Selbst bin ich mit Göttingen seit meinen Studienjahren vertraut, wobei ich an dem Doktorandenkolloquium von Prof. Dr. Rudolf Smend schon im Jahre 1987 ein paar Mal teilgenommen habe. In diesem Zusammenhang sind wir auch zum Grab Julius Wellhausens gepilgert.

---

1   OTSEM (Old Testament Studies: Epistemologies and Methodologies; otsem.blogs.uni-hamburg.de) ist ein Netzwerk der alttestamentlichen Doktorandenausbildung von siebzehn akademischen Institutionen in den nordischen Ländern, Deutschland, Grossbritannien und Estland.
2   S. blogs.helsinki.fi/sacredtexts/ und vgl. Martti Nissinen, „Changes in Sacred Texts and Traditions: A Centre of Excellence of the Academy of Finland at the University of Helsinki", *HeBAI* 2 (2013) 579–586.

Von Schwärmern zu Männern vom selbständigen Geiste: Die Entwicklung der Prophetie nach Wellhausen und seinen Zeitgenossen

Die Julius-Wellhausen-Vorlesung braucht wohl mit Wellhausen selbst nichts zu tun haben. Allerdings gibt es gute Gründe, seinen Name und sein Werk heute als Ausgangspunkt zu erwählen, hat doch Wellhausen zu dem Verständnis des altisraelitischen Prophetentums maßgeblich beigetragen und gilt wohl, zusammen mit seinen Zeitgenossen Heinrich Ewald und Bernhard Duhm, als Erzvater des Prophetenbildes des 20. Jahrhunderts.[3] Wer mit der wissenschaftlichen Arbeit von Julius Wellhausen einigermaßen vertraut ist, wird in dem Titel der heutigen Vorlesung den Hinweis auf sein zum ersten Mal im Jahre 1887 erschienenes Buch *Reste arabischen Heidentums* erkennen[4] – eines der ersten Werke, mit denen Wellhausen einen zentralen Platz in der frühen Arabistik einnahm.[5] Dieses Buch befaßt sich nicht damit, die vorislamische arabische Religion mit den biblischen Texten zu vergleichen. Hinweise auf

---

3 S. Rudolf Smend, *Julius Wellhausen: Ein Bahnbrecher in drei Disziplinen* (Themen 84; München: Carl Friedrich von Siemens Stiftung, 2006); idem, *Epochen der Bibelkritik: Gesammelte Studien, Band 3* (BevTh 109; München: Kaiser, 1991), 168–215; idem, *Kritiker und Exegeten: Porträtskizzen zu vier Jahrhunderten alttestamentlicher Wissenschaft* (Göttingen: Vandenhoeck & Ruprecht, 2017), 343–356; Konrad Schmid, „Klassische und nachklassische Deutungen der alttestamentlichen Prophetie", *Zeitschrift für neuere Theologiegeschichte* 3 (1996) 225–250; Paul Michel Kurtz, *Kaiser, Christ, and Canaan: The Religion of Israel in Protestant Germany, 1871–1918* (FAT 122; Tübingen: Mohr Siebeck, 2018), 19–165.

4 Julius Wellhausen, *Skizzen und Vorarbeiten, Drittes Heft: Reste arabischen Heidentumes* (Berlin: Reimer, 1887); idem, *Reste arabischen Heidentums gesammelt und erläutert* (2. Ausgabe, Berlin: Reimer, 1897; Neudruck, Berlin: de Gruyter, 1927; 3. unveränderte Auflage, Berlin: de Gruyter, 1961).

5 Zu Wellhausen als Arabisten, s. Rudolf Smend, *Julius Wellhausen*, 27–34; Josef van Ess, „Dschihad gestern und heute", *Julius-Wellhausen-Vorlesung* 3 (2012), 26–47; Kurtz, *Kaiser, Christ, and Canaan*, 109–121. Zur Kritik von Wellhausens Komparativismus, s. Jaakko Hämeen-Anttila, „Arabian Prophecy", in Martti Nissinen (Hrsg.), *Prophecy in its Ancient Near Eastern Context: Mesopotamian, Biblical, and Arabian Perspectives* (SBLSymS 13; Atlanta: Society of Biblical Literature, 2000), 115–146, dort 123 Anm. 31: „Wellhausen's book suffers in general from his strong comparativist starting

die Bibel sind nur vereinzelt zu finden, und die alttestamentlichen Propheten werden kaum erwähnt, nicht einmal im Zusammenhang mit den arabischen Sehern (*kāhin*).⁶ Einige Jahre früher hat Wellhausen seinen Wechsel vom Alten Testament zu den Arabern damit motiviert, „den Wildling kennen zu lernen, auf den von Priestern und Propheten das Reis der Thora Jahve's gepfropft ist," denn er habe nicht daran gezweifelt, „daß von der ursprünglichen Ausstattung, mit der die Hebräer in die Geschichte getreten sind, sich durch die Vergleichung des arabischen Altertums am ehesten eine Vorstellung gewinnen läßt."⁷ Damit weist Wellhausen darauf hin, daß sowohl der Islam als auch die alttestamentliche Religion aus dem entstanden sind, was zu jener Zeit noch unbefangen als „Heidentum" bezeichnet wurde. Sich aus dem Heidentum allmählich „emporgearbeitet" zu haben, sei eben der Inhalt der Geschichte der israelitischen Religion.⁸

Wie es aber Reinhard Kratz in seinem Artikel mit dem ebenfalls auf Wellhausens Buch verweisenden Titel „Reste hebräischen Heidentums am Beispiel der Psalmen" geltend gemacht hat, ist Wellhausen selbst mit der frühen Geschichte der israelitischen Religion nicht konsequent verfahren.⁹ Wellhausen stellt zwar programmatisch fest, daß das israelitische Altertum nicht mehr isoliert werden kann: „man sieht zu deutlich, wie eng es auf allen Seiten mit der näheren und entfernteren

---

    point. Wellhausen presupposes that Arabian religious life resembled the common Semitic situation and can be used to reconstruct it. He accordingly sees traces of an earlier system, in which one might find little evidential value. (…) Another problem in Wellhausen's book is that the complexity of the source material was fully relized more than half a century after Wellhausen wrote."

6 Wellhausen, *Reste arabischen Heidentums* (2. Ausgabe), 130–140.
7 Julius Wellhausen, *Muhammed in Medina: Das ist Vakidi's* Kitab alMaghazi *in verkürzter deutscher Wiedergabe* (Berlin, 1882), 5.
8 Julius Wellhausen, *Israelitische und jüdische Geschichte* (9. Auflage, Berlin: de Gruyter, 1958), 32.
9 Reinhard G. Kratz, „Reste hebräischen Heidentums am Beispiel der Psalmen", *Nachrichten der Akademie der Wissenschaften zu Göttingen I: Philologisch-historische Klasse* 2/2004: 27–65, dort 29 (wiederabgedruckt in idem, *Mythos und Geschichte: Kleine Schriften III* [FAT 102, Tübingen: Mohr Siebeck, 2015], 156–189).

Umgebung zusammenhängt."¹⁰ Dabei ist er stark von der Idee der evolutionären Entwicklung der Religionen inspiriert; der Vergleich dürfte „über die Ähnlichkeit der Anfänge und der Analogie der Entwicklung die Differenz des Endergebnisses nicht übersehen."¹¹ Die Propheten spielen bei der Entwicklung eine entscheidende Rolle: „Die alte israelitische Religion war, wie jede andere Volksreligion, vorwiegend Kultus; erst die Propheten haben begonnen, sie zu etwas anderem zu machen."¹² Damit meint Wellhausen aber nicht Propheten im Allgemeinen, sondern macht einen maßgeblichen Unterschied zwischen den gewöhnlichen und den außerordentlichen Propheten. Ein längeres Zitat empfiehlt sich hier, weil das von ihm (aber nicht nur von ihm) vorgelegte Ideal bis zu unseren Zeiten wirksam geblieben ist:

> Seher hat es in Israel, wie bei anderen alten Völkern, von jeher gegeben, aber keine Propheten, oder wie sie hebräisch heißen *Nabiim*. Diese letzteren tauchten zuerst auf in der erregten Zeit vor dem Ausbruch der Philisterkriege und der Entstehung des Königtums. Sie traten nicht einzeln auf, sondern in Schwärmen, und sie waren auch Schwärmer, hatten nichts rationales an sich und wirkten nicht durch das vernünftige Mittel der Rede. Wie die Derwische im heutigen Orient, veranstalteten sie unter Musik Aufzüge und Tänze, in deren tollen Wirbel auch ganz nüchterne Menschen mit ansteckender Gewalt hineingezogen wurden. Sie waren anfangs so neu und fremdartig in Israel, wie die trachischen Bacchanten in Griechenland, die dort zu gleicher Zeit erschienen sein mögen. Mit der Zeit aber bürgerten sie sich ein, konformierten sich der Jahvereligion und verähnlichten sich den alten Sehern, von denen sie ursprünglich unterschieden warden. Manches von ihrem alten Wesen schliffen sie ab, aber das scharenweise Auftreten behielten sie bei. Sie lebten in Vereinen, die man nicht für Lehrschulen halten darf, wo das Gesetz und

---

10 Julius Wellhausen, „Israelitisch-jüdische Religion", in Paul Hinneberg (Hrsg.), *Die Kultur der Gegenwart: Ihre Entwicklung und ihre Ziele, Teil I, Abteilung IV, 1: Geschichte der christlichen Religion* (2. Auflage; Berlin: Teubner, 1909), 1–41, dort 1 (= Julius Wellhausen, *Grundrisse zum Alten Testament*; hrsg. von Rudolf Smend; Theologische Bücherei 28; München: Kaiser, 1965, 65–109, dort 65).
11 Ibid., 2 (66).
12 Ibid., 11 (77).

die heilige Geschichte getrieben wurde. Sie wurden von den Königen vor Unternehmungen zu Rate gezogen und weissagten gelegentlich zu Hunderten. Durchschnittlich gingen sie mit der öffentlichen Meinung und redeten den Leuten, namentlich den Königen, nach dem Munde, weil sie arm waren und ein Stück Brot verdienen wollten. Aber ab und zu erwuchsen unter ihnen Männer von selbständigem Geiste, die über den Stand hervorragten. Es waren Ausnahmen, aber eben sie hatten die größte geschichtliche Wirkung und galten den Späteren mit Recht als die wahren Propheten. Das Kennzeichen der wahren Propheten ist nach Jeremias, daß sie Unheil verkündeten, gegen den Strom schwammen und den Befragern nicht sagten, wonach ihnen die Ohren juckten.[13]

Die religionsgeschichtliche Entwicklung der Prophetie ist demnach entscheidend von den wenigen Ausnahmsfällen abhängig gemacht worden, die unter den Schwärmern nüchtern genug waren, um wahre Propheten erkennbar zu sein.[14] Dies entspricht völlig dem Idealbild des oppositionellen Einzelprophets, das seitdem als Maßstab der Prophetie gegolten hat. Stimmt dieses Bild aber mit religionsgeschichtlichen Realitäten überein? Was Wellhausen hier von den alten Sehern und Propheten schreibt, scheint zumeist den Samuel- und Königebüchern

---

13 Ibid., 20 (87–88); vgl. idem, *Israelitische und jüdische Geschichte, 72*, wo Elia als Prototyp von den Ausmahmspropheten vorgestellt ist.
14 Vgl. Hermann Gunkel, *Die Propheten* (Göttingen: Vandenhoeck & Ruprecht, 1917), 9–10: „Nun sind aus diesem Kreise Männer edleren Schlages hervorgegangen, Propheten von größerem Maße, Ahia, Elia, Micha ben Jimla. Das sind Heroen der Prophetie, selbständige Naturen, die nicht erst die Frage abwarten, sondern die von sich aus auftreten. – – – Die Fortsetzer dieser prophetischen Heroen wie Ahia und Elia sind die schriftstellerischen Propheten, deren erster für uns Amos ist"; Rudolf Kittel, *Die Religion des Volkes Israel* (Leipzig, Quelle & Meyer, 1921), 102: „Von jetzt [d.h. von Samuel] an sind die Nebiim die eifrigsten Träger und Förderer der Jahweverehrung und diejenigen, die sie mit der Zeit auf die höchste Stufe gehoben haben." Vgl. Bernhard Duhm (*Israels Propheten* [Tübingen: Mohr Siebeck, 1916], 88) der Elia und Elischa noch als Vertreter der alten Religion betrachtete: „Die Propheten, die dem Volk Israel und der von Elisa vertretenen Religion den Untergang verkündigten, haben den weltgeschichtlichen Beruf Israels und seiner Religion gerettet."

entstammen, und was er im übrigen von den frühen Stufen der israelitischen Religion schreibt, ist restlos auf das Alte Testament bezogen, wobei die angeblich heidnischen (d.h. kanaanitischen) Ursprünge der israelitischen Religion eigentlich keine Konturen gewinnen.

Insofern es um Prophetie geht, könnte man Wellhausens Vorgehensweise dadurch verteidigen, daß es zu seinen Zeiten mit der Dokumentation der außerisraelitischen Prophetie im Vergleich zu unseren heutigen Kenntnissen relativ schlecht bestellt war. Immerhin waren die ersten assyrischen Orakel schon seit 1875 nicht nur als Keilschriftkopien und Überzetzungen veröffentlicht,[15] aber auch schon damals als Prophetie z. B. von Wellhausens jüngeren Zeitgenossen Hugo Gressmann wahrgenommen.[16] Es hat aber den Anschein, als hätte Wellhausen in diesen Texten, falls sie ihm bekannt waren, kein relevantes Vergleichsmaterial gefunden.[17]

---

15 Simo Parpola, *Assyrian Prophecies* (SAA 9; Helsinki: Helsinki University Press, 1997); vgl. Martti Nissinen, with Contributions by C. L. Seow, Robert, K. Ritner, and H. Craig Melchert, *Prophets and Prophecy in the Ancient Near East* (SBLWAW 41; Atlanta: SBL Press, 2019), 107–44 (Nr. 68–96). Die Keilschriftkopien von SAA 9 1 wurden schon in 1875 von G. Smith in H. C. Rawlinson (Hrsg.), *The Cuneiform Inscriptions from Western Asia* (Vol. IV; London: British Museum, 1875), Nr. 68, und die englische Übersetzung drei Jahre später von T. G. Pinches in A. H. Sayce (Hrsg.), *Records of the Past* (Vol. XI; London: Samuel Baxter & Sons, 1878) veröffentlicht.

16 S. etwa Hugo Gressmann, „Die literarische Analyse Deuterojesajas", *ZAW 34* (1914) 254–297. Übersetzungen von assyrischen Orakeln waren damals schon in verschiedenen Sprachen reichlich vorhanden; z. B. C. P. Tiele, *Babylonisch-Assyrische Geschichte, Teil 1: Von den ältesten Zeiten bis zum Tode Sargons II.* (Handbücher der alten Geschichte I/4; Gotha: Perthes, 1886), 85–86; Alphonse Delattre, „The Oracles Given in Favour of Esarhaddon", *The Babylonian and Oriental Record 3* (1889): 25–31; s. A. Strong, „On Some Oracles to Esarhaddon and Ashurbanipal", *BA 2* (1893): 627–645; V. Scheil, „Choix de textes réligieux assyriens", *RHR 36* (1897): 206–207; Otto Weber, *Die Literatur der Babylonier und Assyrer* (Leipzig: Hinrichs, 1907), 181–182. Zum Verhältnis von Gressmann und Wellhausen s. Smend, *Kritiker und Exegeten*, 560–568.

17 Das Gleiche gilt im Allgemeinen für die im frühen 20. Jahrhundert verfassten Geschichten der israelitischen Religion. Selbst Gustav Hölscher in seinem wichtigen Buch *Die Profeten: Untersuchungen zur Religionsgeschichte Israels* (Leipzig: Hinrichs, 1914) weiss so gut wie nichts von ekstatischem Prophetentum in Assyrien und Babylonien zu berichten und kommt deswegen zum folgenden Schluss: „Das völliger Fehlen jener Erscheinungen in unsern

Dank der beträchtlichen Zunahme der archäologischen und textlichen Quellen sind wir heute natürlich in einer viel besseren Lage, „Reste hebräischen Heidentums" in dem biblischen Text in ihren altorientalischen Kontext einzubetten, wie es auch in den letzten Jahrzehnten mit Kräften gemacht worden ist, nicht zuletzt von meinen Göttinger Kollegen.[18] Dabei hat sich die aus den biblischen Texten rekonstruierbare Religionsgeschichte nicht als eine einlinige, wenn auch allmähliche, „Emporarbeitung" aus dem Heidentum, sondern eher als ein aus parallelen Entwicklungen bestehenden Prozeß erwiesen, der ständig in Wechselwirkung mit seinem soziokulturellen Kontext war. Man darf indessen auch fragen, ob es schließlich berechtigt ist, die in den biblischen Texten erkennbaren religionsgeschichtlichen Parallelen als „Reste" zu bezeichnen, insbesondere wenn damit ausschließlich auf Überbleibsel älteren Materialen in einem sonst viel später entstandenen Text hingewiesen wird.[19] Wollen wir den Begriff nach wie vor verwenden, müssen wir zugleich davon ausgehen, daß solche „Reste" als keine atavistische Fremdkörper, sondern als unentbehrliche Teile des Textes angesehen werden. Selbst wenn älteres Material in dem biblischen Text, z. B. in den Prophetenbüchern, literarkritisch herausgearbeitet werden kann, haben solche Stücke kein eigenständiges Dasein, sondern können nur in ihrem textuellen Kontext gelesen und ausgelegt werden. Dies bedeutet nicht nur, daß die *ipsissima verba* der Propheten unmöglich zu rekonstruieren sind, sondern auch, daß die ältere israelisch-judäische Religion „nicht unmittelbar, sondern nur im Reflex" zu greifen ist.[20]

---

keilschriftlichen Nachrichten hat seinen Grund schwerlich nur in der Dürftigkeit unseres Materials, sondern doch wohl im Wesen der ganzen babylonisch-assyrischen Religion und Kultur" (S. 140).

18 Vgl. am Beispiel der Psalmen etwa Kratz, „Reste hebräischen Heidentums"; Reinhard Müller, *Jahwe als Wettergott: Studien zur althebräischen Kultlyrik anhand ausgewählter Psalmen* (BZAW 387; Berlin: de Gruyter, 2008); ferner Oswald Loretz, *Ugarit-Texte und Thronbesteigungspsalmen: Die Metamorphose des Regenspenders Baal-Jahwe* (UBL 7; Münster: Ugarit-Verlag, 1988).

19 Vgl. Konrad Schmid, „Gibt es ‚Reste hebräischen Heidentums' im Alten Testament? Methodische Überlegungen anhand von Dtn 32,8f. und Ps 82", in A. Wagner (Hrsg.), *Primäre und sekundäre Religion als Kategorie der Religionsgeschichte des Alten Testaments* (BZAW 364; Berlin: de Gruyter, 2006), 105–120.

20 Kratz, „Reste hebräischen Heidentums", 29.

Allerdings ist es möglich, strukturelle Parallelen zwischen altorientalischer Prophetie, wie wir sie heute aus mesopotamischen und einigen wenigen syrisch-aramäischen Quellen kennen, und dem Alten Testament sowie frühjüdischen Texten und dem Neuen Testament auszumachen.[21]

Insofern ist die Rede von „Resten" allerdings berechtigt, als sie die Änderung, die sich im Vergleich der biblischen und altorientalischen Prophetie herausstellt, widerspiegelt. Mit der *biblischen Prophetie* meine ich Prophetie in der Bibel, d.h. das schriftliche Phänomen, dessen literarisches Weiterleben in den biblischen Prophetenbüchern und erzählenden Texten, in denen Propheten vorkommen, zu erkennen ist, während der Begriff *altorientalische Prophetie* auf das sozio-religiöse Phänomen verweist, das auch der biblischen Prophetie zugrunde liegt, aber nicht zuverlässig aus dem Alten Testament rekonstruiert werden kann.[22] Die nicht-biblischen Quellen der altorientalischen Prophetie sind, wenn auch nicht gerade Primärquellen prophetischer Auftritte, doch zumeist historisch unmittelbarer mit ihnen verbunden als die biblischen Texten, die das Ergebnis eines langen und schwierig rekonstruierbaren Überlieferungsprozesses sind.

Infolge dieses Prozesses ist Prophetie in den alttestamentlichen Texten in der Tat „zu etwas anderem" gemacht, denn das prophetische Ideal geht auf die Schriftgelehrten zurück, die die Prophetenbücher verfaßt haben und das prophetische „Amt" für sich in Anspruch nahmen. Die Propheten haben wohl nichts geschrieben, dafür ist in den Quellen kein eindeutiger Beweis zu finden.[23] Bei alledem wurde aber Prophetie aus seinem religionsgeschichtlichen Boden nicht mit Stumpf und Stiel ausgerottet. Reste altorientalischen Prophetentums – gleich, ob sie nun

---

21 Vgl. ibid., 64: „So beschränken sich die alten Worte der Propheten, wie schon die Formgeschichte gezeigt hat, meist auf kurze Sprüche, meist Heilsorakel, Mahnungen oder Klagen, die noch nichts von der in der biblischen Überlieferung allenthalben dominierenden Gerichtsprophetie wissen und in der Regel von dem Antagonismus der beiden Staaten Israel und Juda leben oder auf eine andere äußere Bedrohung reagieren. Sie müssen mit den altorientalischen Parallelen aus dem mesopotamisch-syrischen Raum nicht identisch sein, sich aber in den allgemeinen Rahmen einfügen, den sie dokumentieren."

22 Zur Unterscheidung altorientalischer und biblischer Prophetie vgl. ferner Martti Nissinen, *Prophetic Divination: Essays in Ancient Near Eastern Prophecy* (BZAW 494; Berlin: de Gruyter, 2019), 69–73.

23 Vgl. meine Argumente in ibid., 517–537.

als „Reste" oder eher als Merkmale und Charakteristika des altorientalischen prophetischen Phänomens wie wir es aus anderen Quellen kennen zu bezeichnen sind – sind immer noch deutlich zu erkennen, und zwar nicht nur vereinzelt in individuellen Textabschnitten, sondern auch und vor allem als Bestandteile größerer sozio-religiöser Strukturen. Im Folgenden werde ich das altorientalisch-ostmediterrane Erbe in der biblischen Prophetie unter sechs Blickwinkeln betrachten: das Wort-Gottes-Konzept, die Verschriftlichung der Prophetie, die politische Funktion der Divination, die Tempel als primäre Kontexte der prophetischen Tätigkeit, Prophetie als genderinklusives Phänomen, und Ekstase oder veränderter Bewußtseinszustand. Die zwei letztgenannten Gesichtspunkte werde ich etwas eingehender besprechen, die vier ersten eher annäherungsweise.

Das Wort Gottes

Schon das Wort Gottes, in der hebräischen Bibel meistens mit דְּבַר יהוה oder נְאֻם יהוה ausgedrückt, ist ein Konzept mit tiefen altorientalischen Wurzeln. Die auf prophetisches Orakel hinweisende Redewendung Wort + GN kennen wir auch aus dem Assyrischen (*abat Issār*, d.h. Wort Ištars), z. B.: „Wort der Ištar von Arbela an Asarhaddon, den König von Assyrien".[24] Auch in den Maribriefen aus dem 17. Jahrhundert v. Chr. wird auf Prophetenorakel mit "Wort" hingewiesen: „Höre das eine Wort von mir".[25] Die Idee des göttlichen Wortes beruht auf der Überzeugung, daß die Götter ihren Willen als verbale Botschaften bekanntgeben. Die Idee, daß zwischen Menschen und übermenschlichen Mächten eine kognitive Verbindung bestehen kann, ist natürlich die

---

24 SAA 9 3.4 (SBLWAW 41 87) ii 33–34; 3.5 (SBLWAW 41 88) iii 16–17; ähnlich SAA 9 2.4 (SBLWAW 41 81): 30: „Wort der Ištar von Arbela, Wort der Königin Mullissu"; SAA 9 5 (SBLWAW 41 90): 1: „Wort der Ištar von Arbela [an die Mutter des Königs]"; SAA 9 7 (SBLWAW 41 92): 2: „Wort der Königin Mullissu". Vgl. SAA 9 1.10 (SBLWAW 41 77) vi 7–12: „Konntest du nicht auf das frühere Wort (*dabābu*), das ich zu dir sprach, vertrauen? Nun kannst du (auch) auf die spätere (Worte) vertrauen!"
25 FM 7 38 (SBLWAW 41 2) r. 6; der sprechende Gott ist Adad. Vgl. FM 7 39 (SBLWAW 41 1): 35–36: "Jedes Wort (*awātum*) gesprochen von einem Propheten oder einer Prophetin werde ich meinem Herrn zur Kenntnis bringen".

Voraussetzung alles Gottesbescheids weltweit. Auch Propheten, d.h. Menschen, die einer göttlichen Offenbarung teilhaftig werden mit der Aufgabe, das Gotteswort an ihre Adressaten weiterzuleiten,[26] sind aus praktisch allen Kulturen bekannt.[27] Insofern gilt Prophetie als ein allgemeines Phänomen ohne einen genauer bestimmbaren Ursprung. Da allerdings biblische Prophetie sowohl geographisch als auch kulturgeschichtlich zum alten Orient gehört, erklären sich die vielen formgeschichtlichen Parallelen mit altorientalischen Prophetie nur schwerlich als unabhängige Entwicklungen. Somit ist biblische Prophetie als eine, wenn auch eine eigentümliche und umgewandelte, Teilerscheinung der altorientalischen prophetischen bzw. nicht-induktiven Divination, in der der Gottesbescheid den Menschen als „Wort", d.h. als ein verbales Orakel, zur Kenntnis gebracht wird.

Eine verbal ausgedrückte Botschaft einer Gottheit war natürlich nicht die einzig mögliche Art und Weise, mit dem göttlichen Willen vertraut zu werden. Die altorientalischen und griechischen Quellen bezeugen eine Vielfalt von divinatorischen Praktiken, die als Quellen übermenschlichen Wissens gelten, darunter Opferschau, Astrologie, Vogelschau und andere Deutungen ominöser Gegen- und Umstände.[28]

---

26 Zu dieser Definition von Prophetie s. Manfred Weippert, *Götterwort in Menschenmund: Studien zur Prophetie in Assyrien, Israel und Juda* (FRLANT 252; Göttingen: Vandenhoeck & Ruprecht, 2014), 231–232.

27 Vgl. etwa die kulturübergreifenden Studien von Thomas W. Overholt, *Prophecy in Cross-Cultural Perspective: A Source-Book for Biblical Research* (SBLSBS 17; Atlanta, Ga.: Society for Biblical Literature, 1986); idem, *Channels of Prophecy: The Social Dynamics of Prophetic Activity* (Minneapolis, Minn.: Fortress, 1989); Lester L. Grabbe, „Ancient Near Eastern Prophecy from an Anthropological Perspective," in Nissinen (Hrsg.), *Prophecy in Its Ancient Near Eastern Context*, 13–32; idem, „Shaman, Preacher, or Spirit Medium? The Israelite Prophet in the Light of Anthropological Models", in J. Day (Hrsg.), *Prophecy and the Prophets in Ancient Israel* (LHBOTS 531; London: T & T Clark, 2010), 117–132; idem, „,Her Outdoors': An Anthropological Perspective on Female Prophets and Prophecy", in C. L. Carvalho and J. Stökl (Hrsg.), *Prophets Male and Female: Gender and Prophecy in the Hebrew Bible, the Eastern Mediterranean, and the Ancient Near East* (SBLAIL 15; Atlanta: Society of Biblical Literature, 2013), 11–25.

28 Zur mesopotamischen Divination s. Eva Cancik-Kirschbaum, „Prophetismus und Divination: Ein Blick auf die keilschriftlichen Quellen," in M. Köckert und M. Nissinen (Hrsg.), *Propheten in Mari, Assyrien und Israel*

Auch die alttestamentlichen Texte kennen mehrere Methoden der Götterbefragung,[29] die zwar nicht insgesamt verdammt sind, unter denen aber Prophetie stark bevorzugt und über alle andere erhoben wird. Daß ausgerechnet das *Wort* Gottes demzufolge zum zentralsten (wenn auch nicht zum einzigen[30]) Offenbarungsmittel, nicht nur in der alttestamentlichen, aber auch in der späteren jüdischen, christlichen und islamischen Theologie, wurde, ist ein bis zu unseren Tagen wirksam gebliebenes Erbe der altorientalischen Prophetie.

(FRLANT 201; Göttingen, Vandenhoeck & Ruprecht, 2003) 33–53; Francesca Rochberg, *In the Path of the Moon: Babylonian Celestial Divination and Its Legacy* (SAMD 6; Leiden: Brill, 2010); Stephan M. Maul, Die *Wahrsagekunst im Alten Orient: Zeichen des Himmels und der Erde* (München: Beck, 2013); Ulla Susanne Koch, *Mesopotamian Divination Texts: Conversing with the Gods, Sources from the First Millennium BCE* (GMTR 7; Münster: Ugarit-Verlag, 2015); zur griechischen Divination s. Esther Eidinow, *Oracles, Curses, and Risk among the Ancient Greeks* (Oxford: Oxford University Press, 2007); Michael A. Flower, *The Seer in Ancient Greece* (Berkeley: University of California Press, 2008); Sarah Iles Johnston, *Ancient Greek Divination* (Blackwell Ancient Religions; Chichester: Wiley-Blackwell, 2008); Matthew Dillon, *Omens and Oracles: Divination in Ancient Greece* (London: Routledge, 2017).

29 Zur Divination im Alten Testament, s. Josef Tropper, *Nekromantie im Alten Testament* (AOAT 223; Kevelaer: Butzon & Bercker / Neukirchen-Vluyn: Neukirchener Verlag, 1989); Ann Jeffers, *Magic and Divination in Ancient Palestine and Syria* (SHCANE 8; Leiden: Brill, 1996); Rüdiger Schmitt, *Mantik im Alten Testament* (AOAT 411; Münster: Ugarit-Verlag, 2014); Esther J. Hamori, *Women's Divination in Biblical Literature: Prophecy, Necromancy, and Other Arts of Knowledge* (AYBRL; New Haven: Yale University Press, 2015); Carolin Neuber, „Orakel. D. Alter Orient, Altes Testament und Judentum", *RAC 26* (2015): 299–315.

30 Z. B. Divination und Magie ist in frühen jüdischen und christlichen Quellen reichlich bezeugt, s. Gideon Bohak, *Anceint Jewish Magic: A History* (Cambridge, UK: Cambridge University Press, 2011); Yuval Harari, *Jewish Magic before the Rise of Kabbalah* (Detroit: Wayne State University Press, 2017); David E. Aune, *Apocalypticism, Prophecy, and Magic in Early Christianity* (WUNT 199; Tübingen: Mohr Siebeck, 2006); Annemarie Luijendijk, *Forbidden Oracles? The Gospel of the Lots of Mary* (STAC 89; Tübingen: Mohr Siebeck, 2014); Marco Frenschkowski, *Magie im antiken Christentum: Eine Studie zur alten Kirche und ihrem Umfeld* (StAC 7; Stuttgart: Hiersemann, 2016).

Verschriftlichung des prophetischen Gottesworts

Selbst die Verschriftlichung des prophetischen Gottesworts ist kein ausschließlich biblisches Phänomen, wenn auch die Textualisierung der Prophetie in dem Alten Testament am weitesten entwickelt ist. Daß prophetische Orakel gelegentlich auch aufgeschrieben und schriftlich aufbewahrt wurden, ist uns sowohl aus dem mesopotamisch-levantinischen Raum als auch aus dem griechischen Kulturkreis bekannt; ansonsten würden wir von der Prophetie der alten Welt überhaupt nichts wissen. Die Verschriftlichung der Prophetenorakel verdankt sich kaum den Propheten selbst, die wohl nichts geschrieben haben.[31] Einzelne Prophetenorakel sind in geschriebener Form als Zitate in Briefe[32] oder aber auch an und für sich in kleinen Keilschrifttafeln überliefert.[33] Prophetenbücher sind bisher nur in der Bibel vorhanden, aber kleine Orakelsammlungen kennen wir auch aus Assyrien.[34] Darüber hinaus weiß uns die griechischer Literatur von Chresmologen, d.h. Sammler und Kompilatoren von Orakelsprüchen zu berichten, wenn auch keine dieser Orakelsammlungen erhalten geblieben ist.[35] In den wichtigsten Stätten des Apolloorakels, d.h.in Delphi, Didyma und Klaros, wurden die

---

31 Vgl. meine Argumente in *Prophetic Divination*, 517–537.
32 Zu den Briefen prophetischen Inhalts aus Mari (SBLWAW 41 1–50b) s. Jean-Marie Durand, *Archives épistolaires de Mari I/1* (ARM 26/1; Paris: Editions Recherche sur les Civilisations, 1988); Dominique Charpin, „Le prophétisme dans le Proche-Orient d'après les archives de Mari (XVIIIe siècle av. J.-C.)", in J.-D. Macchi et al (Hrsg.), *Les recueils prophétiques de la Bible: Origines, milieux, et contexte proche-oriental* (Le Monde de la Bible 64. Genf: Labor et Fides, 2012), 31–73. Zu assyrischen Briefen (SBLWAW 41 105–109, 111–117, 118d–f) s. Martti Nissinen, *References to Prophecy in Neo-Assyrian Sources* (SAAS 7; Helsinki: Neo-Assyrian Text Corpus Project, 1998), 67–153.
33 Die neuassyrischen Einzeltafeln (SAA 9 5–11 = SBLWAW 41 88–96) sind in Parpola, *Assyrian Prophecies*, 34–43 veröffentlicht. Zwei altbabylonische Einzeltafeln stammen aus Ešnunna (SBLWAW 41 66–67), s. Maria deJong Ellis, „The Goddess Kititum Speaks to King Ibalpiel: Oracle Texts from Ishchali", *MARI 5* (1987): 235–266.
34 Die neuassyrischen Sammeltafeln (SAA 9 1–4 = SBLWAW 41 68–89) sind in Parpola, *Assyrian Prophecies*, 4–30 veröffentlicht.
35 Zu Chresmologen s. Hugh Bowden, „Oracles for Sale", in P. Derow and R. Parker (Hrsg.), *Herodotus and His World: Essays from a Conference in Memory of George Forrest* (Oxford: Oxford University Press, 2003) 256–74;

von den Prophetinnen ausgedrückten Orakel in dem Tempel von beruflichen Schreibern aufgeschrieben und den Besuchern gegeben.[36] Originaldokumente sind nicht erhalten geblieben, aber einige Orakeltexte in uns bekannten griechischen Inschriften sind wohl aufgrund solchen Originalen verfasst worden.[37]

Nachträgliche Auslegung verschrifteter Prophetie ist in den mesopotamischen Quellen nur selten zu finden,[38] wohl aber in den Schriften griechischer Historiker, vor allem bei Herodot, dem wir einen beträchtlichen Teil von unseren Kenntnissen von dem delphischen Orakel verdanken.[39] Kann man also die Verschriftung und Fortschreibung der Prophetenorakel gewissermaßen als Proprium der biblischen Prophetie

---

John Dillery, „Chresmologues and *manteis*: Independent Diviners and the Problem of Authority", in S. I. Johnston und P. T. Struck (Hrsg.), *Mantikê: Studies in Ancient Divination* (RGRW 155; Leiden: Brill, 2005), 167–231; im Vergleich mit der biblischen Prophetie s. Armin Lange, „Oracle Collection and Canon: A Comparison between Judah and Greece in Persian Times", in C. A. Evans und H. D. Zacharias (Hrsg.), *Jewish and Christian Scripture as Artifact and Canon* (Library of Second Temple Studies 70; London: T & T Clark, 2009), 9–47.

36 S. dazu Manfred Lesgourgues, „Gods' Secretaries: On Preserving Oracles in the Greek Oracular Shrines during Hellenistic and Roman Times", in S. Anthonioz, A. Mouton und D. Petit (Hrsg.), *When Gods Speak to Men: Divine Speech according to Textual Sources in the Ancient Nediterranean Basin* (OBO 289; Leuven: Peeters, 2019), 121–129.

37 Z. B. die ursprünglich aus Klaros stammenden Orakel, deren Abschriften in Inschriften aus verschiedenen Orten gefunden worden sind; s. Reinhold Merkelbach und Josef Stauber, „Die Orakel des Apollon von Klaros", *Epigraphica Anatolica 27* (1996): 1–53.

38 Prophetenorakel wurden offenbar als Quellen der Königsinschriften von Asarhaddon benutzt; s. Parpola, *Assyrian Prophecy*, lxviii–lxxiii; Martti Nissinen, „Religious Texts as a Historical Source: Assyrian Prophecies as Sources for Esarhaddon's Nineveh A Inscription", in G. B. Lanfranchi, R. Mattila und R. Rollinger (Hrsg.), *Writing Neo-Assyrian History: Sources, Problems, and Approaches* (SAAS 29; Helsinki: The Neo-Assyrian Text Corpus Project, 2019), 183–193.

39 S. z. B. Hugh Bowden, *Classical Athens and the Delphic Oracle: Divination and Democracy* (Cambridge: Cambridge University Press, 2005), 67–73; Julia Kindt, „Delphic Oracle Stories and the Beginning of Historiography: Herodotus' *Croesus Logos*", *Classical Philology 101* (2006): 34–51; Sara Forsdyke, „Herodotus, Political History and Political Thought", in C. Dewald

anerkennen,⁴⁰ so muß man sich auch der parallelen Erscheinungen in benachbarten Kulturgebieten bewußt sein. Die Texte aus Mari und Assyrien, aber auch aus Juda (und damit sind nicht die biblischen Texte sondern ein Paar Briefe aus Lachish⁴¹ gemeint) wissen von Gegebenheiten berichten, wo das prophetische Wort unter Beteiligung eines Propheten selbst schriftlich weitergeleitet wird. Dieses mehr oder weniger zufällig erhaltene Quellenmaterial reicht nicht dazu, ein umfassendes Bild der Verschriftung der Prophetie im alten Orient zu rekonstruieren, dokumentiert aber jedenfalls einige Einzelfälle der Verbindung von mündlicher und schriftlicher Überlieferung des prophetischen Wortes in verschiedenen Teilen des alten Orients. Wie unregelmäßig und kontextbezogen die Verschriftlichung der Prophetien auch gewesen sein mag, ist sie immerhin aus verschiedenen Zeiten und Orten bezeugt und bleibt die Voraussetzung der literarischen Tätigkeit, deren Ergebnis die uns als Teil des nachträglich entstandenen hebräischen Kanons bekannten Prophetenbücher sind.

---

und J. Marincola (Hrsg.), *The Cambridge Companion to Herodotus* (Cambridge: Cambridge University Press, 2006), 224–241; Alexander Hollmann, *The Master of Signs: Signs and the Interpretation of Signs in Herodotus' Histories* (Hellenic Studies 48; Washington, D.C.: Center for Hellenic Studies. 2011).

40 Vgl. z. B. Jörg Jeremias, „Das Proprium der alttestamentlichen Prophetie", *TLZ 119* (1994): 483–494; idem, „Das Rätsel der Schriftprophetie", *ZAW 125* (2013): 93–117.

41 D.h. die Ostraka 3, 6(?) und 16 aus Lachisch (SBLWAW 41 139–141); Johannes Renz und Wolfgang Röllig, *Handbuch der althebräischen Epigraphik. Vol. 1.* (Darmstadt: Wissenschaftliche Buchgesellschaft, 1995), 416–419, 426–427, 433–434. S. dazu Hans M. Barstad „Lachish Ostracon III and Ancient Israelite Prophecy", *ErIsr 24* (1993): 8*–12*; Simon B. Parker, „The Lachish Letters and Official Reactions to Prophecies", in L. M. Hopfe (Hrsg.), *Uncovering Ancient Stones: Essays in Memory of H. Neil Richardson* (Winona Lake, Ind.: Eisenbrauns, 1994), 65–78; Udo Rüterswörden, „Der Prophet der Lachish-Ostraka", in C. Hardmeier (Hrsg.), *Steine—Bilder—Texte: Historische Evidenz außerbiblischer und biblischer Quellen* (Arbeiten zur Bibel und ihrer Geschichte 5. Leipzig: Evangelische Verlagsanstalt, 2001), 179–192; Nadav Na'aman, „The Distribution of Messages in the Kingdom of Judah in the Light of the Lachish Ostraca", *VT 53* (2003): 169–180.

Die politische Bedeutung der Divination

„Die Propheten – Politiker!", exklamierte Hermann Gunkel, weil der eigentliche Bereich ihrer Wirksamkeit die Politik gewesen sei. Da Israels Religion „von Anfang an eine Nationalreligion gewesen" sei, liege es „in der Natur der Dinge, wenn auf solchem Boden Männer erwachsen, die im Namen des Nationalgottes ihre Meinung über die staatliche Verhältnisse aussprechen und Einfluß auf die Politik begehren".[42] Andererseits waren die Propheten auch von anderen Politikern befragt. Schon Wellhausen hatte darauf hingewiesen, daß Propheten „von den Königen vor Unternehmungen zu Rate gezogen" worden sind, wenn sie dann auch ihnen nach dem Munde geredet hätten, um ihren Lebensunterhalt zu versichern.[43]

Auch die „wahren" biblischen Propheten setzen sich wohl mit den Königen von Israel und Juda oft kritisch, manchmal vielleicht auch weniger kritisch auseinander, was dem altorientalischen Befund völlig entspricht. Die gesamte Dokumentation der Götterbefragung von Mesopotamien über die Levante und Anatolien bis nach Griechenland bezeugt die politische Bedeutung der Divination im Allgemeinen, einschließlich der prophetischen Divination.[44] Es ist nicht von Ungefähr, daß die Blü-

---

42 Gunkel, *Die Propheten*, 31.
43 Vgl. Anm. 13.
44 S. z. B. Jan N. Bremmer, „Prophets, Seers, and Politics in Greece, Israel, and Early Modern Europe", *Numen* 40 (1993): 150–83; Frederick Mario Fales und Giovanni B. Lanfranchi, „The Impact of Oracular Material on the Political Utterances and Political Action in the Royal Inscriptions of the Sargonid Dynasty", in J.-G. Heintz (Hrsg.), *Oracles et prophéties dans l'antiquité* (Université des sciences humaines de Strasbourg, Travaux du Centre de recherche sur le Proche-Orient et la Grèce antiques 15; Paris: De Boccard, 1997), 99–114; Beate Pongratz-Leisten, *Herrschaftswissen in Mesopotamien: Formen der Kommunikation zwischen Gott und König im 2. und 1. Jahrtausend v. Chr.* (SAAS 10; Helsinki: Neo-Assyrian Text Corpus Project, 1999); eadem, „The King at the Crossroads between Divination and Cosmology", in A. Lenzi und J. Stökl (Hrsg.), *Divination, Politics, and Ancient Near Eastern Empires* (ANEM 7; Atlanta: Society of Biblical Literature, 2014), 33–48; Robert Parker, „Greek States and Greek Oracles", in R. Buxton (Hrsg.), *Oxford Readings in Greek Religion* (Oxford: Oxford University Press, 2000), 76–108; André Lemaire, „Prophètes et rois dans les inscriptions ouest-sémitiques (IXe-VIe siecle av. J.-C.)", in idem (Hrsg.), *Prophètes et rois: Bible et*

tezeit der Prophetie im Alten Testament mit der Zeit der Monarchie zusammenfällt. Da die Götterbefragung zunächst eine Strategie war, Unsicherheit und Risiko zu bewältigen, wurden Orakel natürlich auch von Privatleuten eingeholt, was freilich in den griechischen Quellen viel deutlicher vorkommt als in den altorientalischen oder biblischen Texten.[45] Die am besten bezeugten Stammkund/innen der Propheten sind aber eben Könige und Mitglieder der königlichen Familien, die sich an Wahrsager verschiedener Art wendeten, um ihre Politik mit Hilfe des göttlichen Herrschaftswissens zu legitimieren.

Proche-Orient (Lectio divina, hors série. Paris: Cerf, 2001), 85–115; Dominique Charpin, „Prophètes et rois dans le Proche-Orient amorrite: Nouvelles données, nouvelles perspectives", in D. Charpin und J.-M. Durand (Hrsg.), *Florilegium marianum 6: Recueil d'études à la mémoire d'André Parrot* (Mémoires de NABU 7; Paris: SEPOA, 2002), 7–38; idem, „Patron and Client: Zimri-Lim and Asqudum the Diviner", in K. Radner und E. Robson (Hrsg.), *The Oxford Handbook of Cuneiform Culture* (New York: Oxford University Press, 2011), 248–269; Christian Oesterheld, *Göttliche Botschaften für zweifelnde Menschen: Pragmatik und Orientierungsleistung der Apollon-Orakel von Klaros und Didyma in hellenistisch-römischer Zeit* (Hypomnemata 174; Göttingen: Vandenhoeck & Ruprecht, 2008); Suvi Randén, „,Through Ambiguous Words, as Is the Custom of Oracles': Oracles, Roman Emperors, and Imperial Historians", in M. Kajava (Hrsg.), *Studies in Ancient Oracle and Divination* (Acta Instituti Romani Finlandiae 40; Rom: Institutum Romanum Finlandiae, 2013), 173–197; Alan Lenzi, „Revisiting Biblical Prophecy, Revealed Knowledge Pertaining to Ritual, and Secrecy in Ligth of Ancient Nesopotamian Prophetic Texts", in idem und Stökl (Hrsg.), *Divination, Politics, and Ancient Near Eastern Empires*, 65–86; Kai Trampedach, *Politische Mantik: Die Kommunikation über Götterzeichen und Orakel im klassischen Griechenland* (Studien zur alten Geschichte 21. Heidelberg: Verlag Antike, 2015); Nissinen, *Ancient Prophecy*, 257–296.

45 Von der Orakelbefragung zu privaten Anlässen bezeugen vor allem die Bleitafel aus Dodona; s. Martina Dieterle, *Dodona: Religionsgeschichtliche und historische Untersuchungen zur Entstehung und Entwicklung des Zeus-Heiligtums* (Spudasmata 116; Hildesheim: Georg Olms, 2007); Esther Eidinow, *Oracles, Curses, and Risk among the Ancient Greeks* (Oxford: Oxford University Press, 2007); Barbara Kowalzig, *Singing for the Gods: Performances of Myth and Ritual in Archaic and Classical Greece* (Oxford: Oxford University Press, 2007); Jessica Piccinini, *The Shrine of Dodona in the Archaic and Classical Ages: A History* (Macerata: EUM-Edizioni Università di Macerata, 2017); Dillon, *Omens and Oracles*, 324–332.

Im Alten Testament spielen die Propheten bei der Übermittlung des göttlichen Herrschaftwissens eine besonders wichtige Rolle; andere divinatorische Methoden sind wohl mehrmals erwähnt, kommen aber seltener zum Vorschein.[46] Auch im Alten Testament ist die politische Funktion der Prophetie ein deutliches Merkmal des altorientalischen Erbes. In der kraftvollen Betonung der prophetischen Kritik ist dagegen besonders das Erbe von Wellhausen und seinen Zeitgenossen (vor allem von Ewald und Duhm) zu erkennen, sei es denn, daß die Unheilsdrohung für die prophetischen Verkündigung des Alten Testaments viel charakteristischer ist als für die mesopotamischen prophetischen Quellen, in denen die Könige wohl manchmal auch kritisch angesprochen sind.[47] Die kritischen Stimmen machen Prophetie nicht weniger politisch – ganz im Gegenteil wird die politische Funktion der Prophetie umso stärker, als die prophetische Kritik in den Texten als besonders wirkmächtig erscheint. Herrschaftskritik und Herrschaftswissen gehören fest zusammen.

Die Tempel als „geistige Heimat" der Propheten

Was die politische Kritik angeht, gilt zumeist auch für das andere Anliegen, das oft als Merkmal wahrer Prophetie angeführt ist, nämlich die prophetische Opposition gegen den Kult. Nach Wellhausen war der Kultus ursprünglich das heidnische Element in der Jahwereligion: „Er

---

46 Immerhin ist die Grenze zwischen induktiver und nicht-induktiver Divination nicht absolut; besonders in den Büchern von Josua bis Königebücher sind gelegentlich auch andere Methoden der Götterbefragung wie z. B. losen (Jos 7,14–18; 1Sam 10,20–21), Traumdeutung (Ri 7,13–15), Efod (1Sam 23,9–12), Urim und Thummim (1Sam 14, 41–42) und Nekromantie (1Sam 28) im Gebrauch; s. z. B. Rannfrid I. Thelle, „Reflections on Ancient Israelite Divination in the Former Prophets", in M. R. Jacobs and R. F. Person (Hrsg.), *Israelite Prophecy and the Deuteronomistic History: Portrait, Reality, and the Formation of History* (SBLAIL 14; Atlanta: Society of Biblical Literature, 2013), 7–33.

47 Mehr dazu in Nissinen, *Prophetic Divination*, 163–194.

wurde von den großen Propheten bekämpft, aber er ließ sich nicht einfach abschaffen."⁴⁸ Vom Kult und Tempel Abstand zu nehmen, war längst das Merkmal wahrer Prophetie.⁴⁹

Die angeblich unnachgiebig negative Grundeinstellung der Propheten gegen Kult an sich ist schwierig mit dem Sachverhalt zu vereinbaren, daß in den altorientalischen wie auch in den griechischen Quellen die „geistige Heimat" der Propheten eben in den Tempeln zu suchen ist. In dem neuassyrischen Reich zum Beispiel war der Tempel von Ištar in der Stadt Arbela namens Egašankalamma das wichtigste Zentrum der prophetischen Tätigkeit, das überall in Assyrien und Babylonien berühmt war.⁵⁰ Das griechische Orakel ist ohne die Tempel von Apollo in Delphi, Didyma und Klaros kaum vorstellbar, denn die Prophet/innen gehörten fest zu dem Personal des jeweiligen Tempels, dessen zentralste Funktion das Orakel ausübte.⁵¹

Wie ist denn die Haltung der Propheten gegenüber dem Tempel im Alten Testament, oder aber auch im Neuen Testament, zu beurteilen? Kritik gibt es gewiß: von Amos bis Jesus werden uns in der Bibel harte Sprüche gegen den Tempel überliefert (Am 5,21–24; Mark 11,15–17parr; vgl. Jes 1,11–17; 58; 66; Jer 7,22; Hos 6,4–6; Mi 6,6–8; Sach 7,5–10), was für manche Kollegen nach wie vor als Beweis einer programmatisch antikultischen Einstellung gilt.⁵² Andererseits haben sich

---

48 Wellhausen, „Israelitisch-jüdische Religion", 31 (100).
49 Vgl. Hölscher, *Die Profeten*, 187: "Im Profetentum, das sich vom Opferkulte und Kultmantik mehr und mehr loslöste, trat der Laie ohne priesterliche Vermittlung in direkte Verbindung zur Gottheit. In dem sich so individuelle religiöse Bedürfnisse meldeten, wurde der Anfang zur persönlichen Religion gesetzt."
50 Zu diesem Tempel s. Raija Mattila und Martti Nissinen, „The Temple of Ištar of Arbela", in *Advances in Ancient Biblical and Near Eastern Resesarch* 1 (2021, im Druck).
51 Zu den Pythias von Delphi s. Lisa Maurizio, „Delphic Oracles as Oral Performances: Authenticity and Historical Evidence", *Classical Antiquity 16* (1997): 308–34; Flower, *The Seer in Ancient Greece*, 215–225; Johnston, *Ancient Greek Divination*, 40–50; Dillon, *Omens and Oracles*, 357–376; zu den Prophetinnen von Didyma und den Propheten von Klaros s. Antti Lampinen, „Θεῷ μεμελημένε Φοίβῳ: Oracular Functionaries at Claros and Didyma in the Imperial Period", in Kajava (Hrsg.), *Studies in Ancient Oracle and Divination*, 49–88.
52 Dieser Sicht ist auch von Gunkel vertreten; nach ihm haben die „bedeutsamen Propheten" nicht nur „gegen einzelne Mißbräuche gekämpft, (…) sondern sie

die Stimmen vermehrt, nach denen die Kritik des Gottesdienstes nicht als Ausdruck eines ideologischen Antiritualismus, sondern eher als Äußerung der Enttäuschung davon, wie er durchgeführt und gewartet wird (oder, wie es oft der Fall zu sein scheint: war);[53] wie es eben Jesus von Nazareth ganz und gar prophetisch zum Ausdruck bringt im Lukasevangelium: „Es steht geschrieben: ‚Mein Haus soll ein Bethaus sein'; ihr aber habt es zur Räuberhöhle gemacht" (Lk 19,46).

Insgesamt ist die Anzahl der kultkritischen Stellen im Alten Testament relativ begrenzt, insbesondere im Vergleich mit den prophetischen Texten, in denen der Tempel von Jerusalem im Zentrum liegt, d.h. vor allem die Bücher Ezechiel, Haggai, Sacharja und Maleachi, in gewissem Sinne aber auch das Jeremiabuch. Die meisten biblischen Propheten sind irgendwie in ein Verhältnis zu dem Tempel von Jerusalem oder zu anderen Heiligtümern gesetzt, was wohl auf die beträchtliche Bedeutung des Heiligtums hindeutet. Im Neuen Testament finden wir sogar die Prophetin Hanna, die angeblich im Tempel von Jerusalem

---

haben die Heiligtümer und die äußeren Handlungen des Gottesdienstes überhaupt verworfen" (*Die Propheten*, 86). Vgl. ferner John Barton, „The Prophets and the Cult", in Day (Hrsg.), *Temple and Worship in Biblical Israel*, 111–122; Thomas Krüger, „Erwägungen zur prophetischen Kultkritik", in R. Lux and E.-J. Waschke (Hrsg.), *Die unwiderstehliche Wahrheit: Studien zur alttestamentlichen Prophetie, Festschrift für Arndt Meinhold* (Arbeiten zur Bibel und ihrer Geschichte 23; Leipzig: Evangelische Verlagsanstalt, 2006), 37–55; Ronald Hendel, „Away from Ritual: The Prophetic Critique", in S. M. Olyan (Hrsg.), *Social Theory and the Study of Israelite Religion: Essays in Retrospect and Prospect* (SBLRBS 71; Atlanta: Society of Biblical Literature, 2012), 59–79.

53 Vgl. etwa Reinhard G. Kratz, „Die Kultpolemik der Propheten im Rahmen der israelitischen Kultgeschichte", in B. Köhler (Hrsg.), *Religion und Wahrheit: Religionsgeschichtliche Studien, Festschrift für Gernot Wießner zum 65. Geburtstag* (Wiesbaden: Harrassowitz, 1998), 101–116; Lena-Sofia Tiemeyer, „The Priests and the Temple Cult in the Book of Jeremiah", in H. M. Barstad und R. G. Kratz (Hrsg.), *Prophecy in the Book of Jeremiah* (BZAW 388; Berlin: de Gruyter, 2009) 233–264; Göran Eidevall, *Sacrificial Rhetoric in the Prophetic Literature of the Hebrew Bible* (Lewiston, N.Y.: Edwin Mellen Press, 2012); idem, „A Farewell to the Anticultic Prophet: Attitudes towards the Cult in the Book of Amos", in L.-S. Tiemeyer (Hrsg.), *Priests and Cults in the Book of the Twelve* (ANEM 14; Atlanta: SBL Press 2016), 99–114; Nissinen, *Ancient Prophecy*, 250–256.

wohnte, dort Tag und Nacht betete und schließlich auch zu allen von dem Kind Jesus redete (Lk 2,36–38).

Prophetie als genderinklusives Phänomen

Mit Hanna öffnet sich die Geschlechtsperspektive, die deswegen wichtig ist, weil somit ein bleibendes Erbe des altorientalischen prophetischen Phänomens zum Vorschein kommt. Wenn man nur das Alte Testament liest, gewinnt man den Eindruck, Prophetie sei vorwiegend Männersache gewesen. Alle Prophetenbücher sind männlichen Propheten zugeschrieben und etwa fünfzig Männer sind mit einem prophetischen Titel versehen, denen nur vier namentlich genannte Frauen – Miriam (Ex 15,1.20–21), Debora (Ri 4,4), Hulda (2Kön 22,11–20; 2Chr 34,22–28) und Noadja (Neh 6,14) – samt einer namenlosen Frau (Jes 8,1–3) und einer anonymen Gruppe von „prophezeienden" Frauen (Ez 13,17–23) als Prophetinnen gegenüberstehen.[54] Angesichts dieses Befunds würde man die wenigen Prophetinnen eher für eine Ausnahme, die die Regel bestätigt, halten. Ein Blick auf die mesopotamischen und griechischen Quellen ändert das Bild aber drastisch.[55] Aus den im

---

54 Zu den Prophetinnen in der hebräischen Bibel s. Susan Ackerman, „Why Is Miriam Also among the Prophets (And Is Zipporah among the Priests?)", *JBL 121* (2002): 47–80; Irmtraud Fischer, *Gotteskünderinnen: Zu einer geschlechtsfairen Deutung des Phänomens der Prophetie und der Prophetinnen in der Hebräischen Bibel* (Stuttgart: Kohlhammer, 2002); Hugh G. M. Williamson, „Prophetesses in the Hebrew Bible", in Day (Hrsg.), *Prophecy and Prophets in Ancient Israel*, 65–80; Hanna Tervanotko, „Speaking in Dreams: The Figure of Miriam and Prophecy", in Carvalho und J. Stökl (Hrsg.), *Prophets Male and Female*, 147–168; Esther J. Hamori, *Women's Divination in Biblical Literature*; Martti Nissinen, „Nichtmännliche Prophetie in Quellen des Alten Orients", in I. Fischer und J. Claassens (Hrsg.), *Prophetie* (Die Bibel und die Frauen, Hebräische Bibel – Altes Testament 1.2. Stuttgart: Kohlhammer, 2019), 65–94, dort 82–92; N. C. Lee, „Biblische Prophetinnen: Sichtbare Körper, hörbare Stimmen – befreites Wort", ibid., 113–131.

55 Zum folgenden s. Jonathan Stökl, „Female Prophets in the Ancient Near East", in Day (Hrsg.), *Prophecy and Prophets in Ancient Israel*, 47–61; Brigitte Lion, „Prophètes et prophétesses en Mésopotamie", in A. Caiozzo und N. Ernoult (Hrsg.), *Femmes médiatrices et ambivalentes: Mythes et imaginaires* (Paris: Armand Colin, 2012), 147–167; Nissinen, *Ancient Prophecy*, 297–325; idem, *Prophetic Divination*, 127–152.

18. Jh. v. Chr. geschriebenen Texten aus Mari sind uns eine beträchtliche Anzahl prophetisch wirkenden Menschen bekannt, und ein Drittel derselben sind Frauen. In den neuassyrischen Quellen aus dem 7. Jh. v. Chr. spielen die Prophetinnen eine noch größere Rolle, denn zwei Drittel der prophetisch begabten Personen in diesen Texten sind Frauen. Darüber hinaus erscheinen in den Dokumenten aus Mari zwei *assinnu* als Propheten; dieser Titel bezeichnet Personen, deren Geschlecht nicht eindeutig bestimmt ist.[56] In den mesopotamischen Gesellschaften gehörte Prophetie zu den ganz wenigen gesellschaftlichen Funktionen, die von Männer und Frauen, und sogar von Menschen, die weder eindeutig als Männer noch als Frauen anerkannt waren, ausgeübt werden konnten.

Soweit der sozio-religiöse Kontext der prophetisch begabten Frauen in den Texten aus Mari (oder auch in den wenigen zeitgenössischen Quellen aus babylonischen Städten) zum Anschein kommt, sind sie meistens mit Tempeln von den (oft aber nich immer weiblichen) Gottheiten verbunden, deren Wort sie auch verkündigen; dasselbe gilt für die *assinnu*, die offenbar zu Tempelgemeinschaften gehören.[57] An-

---

56 Zu den *assinnu* s. Ilan Peled, *Masculinities and Third Gender: The Origins and Nature of an Institutionalized Gender Otherness in the Ancient Near East* (AOAT 435; Münster: Ugarit-Verlag); Saana Svärd und Martti Nissinen, „(Re)constructing the Image of the *assinnu*", in eadem und A. Garcia Ventura (Hrsg.), *Studying Gender in the Ancient Near East* (University Park, Pa.: Eisenbrauns, 2018), 373–411. Die Rolle des *assinnu* ist anders gedeutet von Ilona Zsolnay, „The Misconstrued Role of the *assinnu* in Ancient Near Eastern Prophecy", in Carvalho und Stökl (Hrsg.), *Prophets Male and Female*, 81–99.

57 Von den prophetisch begabten Frauen in Mari sind Ḫubatum (ARM 26 200 = SBLWAW 10), Annu-tabni (ARM 22 326 = SBLWAW 41 58), eine anonyme Prophetin (ARM 26 237 = SBLWAW 41 42) sowie die *assinnus* Iliḫaznaja und Šelebum (ARM 26 197; 198; 212; 213 = SBLWAW 41 7; 8; 22; 23) mit der Göttin Annunitum verbunden; eine anonyme Prophetin (M. 7160 = SBLWAW 41 50b) mit Ištar von Bišra; von ausserhalb von Mari ist eine anonyme Prophetin der Inanna von Zabala bekannt (TCL 10 39 = SBLWAW 41 135g). Demgegenüber sind Zunana (ARM 26 232 = SBLWAW 41 37) und die anonyme *qammatum* (ARM 26 197; 199; 203 = SBLWAW 41 7; 9; 13) mit dem Gott Dagan und Kakka-Lidi (ARM 26 236 = SBLWAW 41 41) mit dem Gott Itur-Mer verbunden. In den übrigen Fällen bleibt die Gottheit unidentifiziert.

dererseits gibt es aber vereinzelt auch auch andere Frauen, die eine prophetische Funktion ausüben, manchmal Palastfrauen oder aber auch Dienstmädchen, deren prophetischen Worte an den König übermittelt werden.[58] In Assyrien verbinden sich die Prophetinnen mit der Göttin Ištar, entweder als Ištar von Arbela oder Ištar von Ninive, genannt mit dem Namen Mullissu.[59] Wie schon angedeutet, war der Tempel von Ištar in der Stadt Arbela die Wiege der assyrischen Prophetie,[60] aber Prophetinnen waren auch in anderen Tempeln tätig.[61] Auch in assyrischen Quellen begegnen uns Frauen ohne Titel, die prophetisch agieren; z. B. wissen wir von zweier Geweihten oder Tempeloblaten (*šelūtu*), die zwar als Mitglieder der Tempelgemeinschaft prophetisch geredet haben, ohne aber notwendigerweise Prophetinnen von Beruf gewesen zu sein.[62]

Was oben über die politische Funktion der Prophetie gesagt worden ist, gilt auch für nicht-männliche Prophetie. Die divinatorische Tätigkeit der Prophetinnen und der *assinnu* war fest an das Königtum gebunden, freilich nicht so, daß die Prophetinnen in direkter Verbindung mit dem König standen, sondern eher mit Palastfrauen und anderen Vermittler, die die von den Prophetinnen (wie auch die von den männlichen Propheten) gesprochenen Worte dem König zur Kenntnis brachten.[63]

---

58   D.h. die Königinmutter Addu-duri (ARM 26 237 = SBLWAW 41 42), Šimatum, die Tochter des Königs Zimri-Lim (ARM 26 239 = SBLWAW 41 44), das Dienstmädchen Aḫatum (ARM 26 215 = SBLWAW 41 24), und die anonyme „Frau eines freien Bürgers" (ARM 26 210 = SBLWAW 41 20).

59   Die einzige Ausnahme ist das Dienstmädchen von Bel-aḫu-uṣur, die angeblich im Namen des Gottes Nusku gesprochen hat (SAA 16 59 = SBLWAW 41 115).

60   Vgl. Anm. 50.

61   Ausser Arbela sind assyrische Prophetinnen auch in Assur (SAA 9 1.5 = SBLWAW 41 72; SAA 12 69 = SBLWAW 41 110), Kalhu (SAA 9 2.4 = SBLWAW 41 81), Akkad (SAA 10 352= SBLWAW 41 109) und in einem sonst unbekannten Ort namens Dara-aḫuja (SAA 9 1.3 = SBLWAW 41 70) bezeugt.

62   S. SAA 9 1.7 (= SBLWAW 41 74) und das Fragment SAA 13 148 (= SBLWAW 41 114).

63   In Mari scheint Königin Šibtu, die Frau des Königs Zimri-Lim, in einer ständigen Verbindung mit weiblichen und männlichen Propheten gestanden (ARM 26 207; 208; 211–14; 236 = SBLWAW 41 17; 18; 21–24; 41); darüber hinaus haben dem König auch die Königinmutter Addu-duri (ARM 26 195; 227; 237; 238; 240 = SBLWAW 41 5; 35; 42; 43; 45) sowie seine Schwester

Die etablierte Stellung der Prophetinnen wie auch der männlichen Propheten in Tempelgemeinschaften galt dabei wahrscheinlich als Qualitätsgarantie.

Die griechischen Quellen tragen zu der Frage des prophetischen Geschlechts ganz prominent bei, denn es sind vorwiegend Frauen, die das Gotteswort ohne Benutzung induktiver Methoden übermitteln und demnach der Definition von Prophetie entsprechen. Die drei wichtigsten Tempel von Apollo, Delphi, Didyma und Klaros, waren berühmte Orakelstätten, zu denen Leute von Nah und Fern kamen, um Orakel einzuholen. Nur in Klaros waren die Propheten Männer,[64] aber in Delphi, Didyma und auch in dem Zeustempel in Dodona wurde das Gotteswort von Frauen übermittelt. Allem Anschein nach gehörten die delphischen Pythias und die anderen prophetischen Frauen eng zu den Tempelgemeinschaften, wo ihre prophetische Aktivität von männlichen Beamten beaufsichtigt wurde, und es ist umstritten, zu welchem Grade sie direkt mit ihren Klienten kommunizierten. Auf jeden Fall galt ihre Rede als Gotteswort, dessen Autorität nicht vom Geschlecht des Sprachrohrs abhängig war.

Vergleichen wir nun die biblischen Prophetinnen mit ihren altorientalischen und griechischen Kolleginnen, können wir auf manche Gemeinsamkeiten wie auch Unterschiede aufmerksam machen. Die hebräische Bibel liefert in Bezug auf Prophetinnen recht uneinheitliche

---

Inib-šina (ARM 26 197; 204 = SBLWAW 41 7; 14) und seine Tochter Šimatum (ARM 26 239 = SBLWAW 41 44) prophetische Worte vermittelt. In Assyrien hat offenbar Naqija, die Mutter des Königs Asarhaddon und Grossmutter des Assurbanipal, einen nahen Kontakt mit den Prophet/innen gehabt (SAA 9 1.7; 1.8; 2.1; 2.6[?]; 5 = SBLWAW 41 74; 75; 78; 83[?]; 88). Zu Palastfrauen in Mari s. Jean-Marie Durand, „Les dames du palais de Mari à l'epoque du royaume de Haute-Mésopotamie", *MARI 4* (1985): 385–436; in Assyrien s. Saana Svärd, *Women and Power in Neo-Assyrian Palaces* (SAAS 23; Helsinki: The Neo-Assyrian Text Corpus Project, 2015).

64 Es ist umstritten, ob das Wort von Apollo in Klaros von dem Tempelbeamten mit dem Titel προφήτης (so z. B. Lampinen, „Θεῷ μεμελημένε Φοίβῳ", 60–67) oder eher von dem Orakelsänger θεσπιῳδός geäußert wurde (so z. B. Jean-Louis Ferrary, *Les Mémoriaux de délegations du sanctuaire oraculaire de Claros, d'après la documentation conservée dans le Fonds Louis Robert, Vols. 1–2* [Mémoires de l'Académie des Inscriptions et Belles-Lettres 49; Paris: Académie des Inscriptions et Belles-Lettres, 2014], 88.)

Daten, die mehr oder weniger mit dem altorientalischen oder griechischen Befund übereinsstimmen. Hulda (2Kön 22,3–20) übt mit ihrem von den königlichen Beamten eingeholten Orakel an den König Joschija eine politische Funktion aus, die durchaus der ihrer mesopotamischen oder griechischen Kolleginnen entspricht, auch wenn der Wortlaut ihrer Prophetie stark von deuteronomistischer Theologie geprägt ist.[65] Aus der Erwähnung der Prophetinnen Noadja und der „übrigen Propheten", die Nehemia angeblich „Angst machen wollten" (Neh 6,14) gewinnt man den Eindruck, als hätte es in Jerusalem eine von der Prophetinnen Noadja angeführte oppositionelle prophetische Gruppe gegeben, die die Neuordnung des Kultbetriebs im zweiten Tempel nicht akzeptiert hat.[66] Möglicherweise können wir eine Kontinuität dieser prophetischen Opposition mit der dem ersten Tempel entstammenden prophetischen Tradition feststellen; auf jeden Fall darf man davon ausgehen, daß Noadja mit dem Tempel verbunden war und von dieser Position her auch eine politische Rolle annahm. Ein von beiden stark abweichender Charakter ist wiederum Debora, die im Richterbuch den Titel „prophetische Frau" (אִשָּׁה נְבִיאָה) trägt. Debora ist aber nicht nur für die Übermittlung göttlicher Botschaften, sondern auch für Rechtsprechung zuständig. Die Prophetin, die unter der Palme sitzt und zu der Leute kommen, um sich Recht sprechen zu lassen (Ri 4,5), beschwört das Bild der delphischen Pythia herauf, die in dem Apollotempel auf

---

[65] Vgl. Fischer, *Gotteskünderinnen*, 182–185; Tal Ilan, „Huldah: The Deuteronomic Prophetess of the Book of Kings", *lectio difficilior* 1/2010 (www.lectio.unibe.ch); Francesca Stavrakopoulou, „The Prophet Huldah and the Stuff of State", in C. A. Rollston (Hrsg.), *Enemies and Friends of the State: Ancient Prophecy in Context* (University Park, PA: Eisenbrauns, 2018), 277–296.

[66] Noadjas Konflikt mit Nehemia mag ähnliche Umstände als der von Mirjam mit Mose in Num 12 widerspiegeln; s. Fischer, *Gotteskünderinnen*, 266–271; Ursula Rapp, *Mirjam: Eine feministisch-rhetorische Lektüre der Mirjamtexte in der hebräischen Bibel* (BZAW 317; Berlin: de Gruyter, 2002), 178–193; Rainer Kessler, „Mirjam und die Propheten der Perserzeit", in U. Bail und R. Jost (Hrsg.), *Gott an den Rändern: Sozialgeschichtliche Perspektiven auf die Bibel* (Gütersloh: Kaiser, 1996), 64–72.

ihrem Dreifuß sitzt;[67] denn eigentlich hat Deboras Aktivität mehr mit Divination als mit Rechtsprechung zu tun.[68]

Gehen wir zum Neuen Testament über, so kennen wir schon die Prophetin Hanna, eine uralte Frau, die Tag und Nacht im Tempel von Jerusalem fastete und betete und den Tempel nie verließ (Lk 2,36–38).[69] Im Lukasevangelium wird Hanna also als eine asketische Prophetin vorgestellt, die in der Obhut des Tempels lebte, und als solche mit den oben erwähnten assyrischen Tempeloblatinnen oder aber auch mit den Prophetinnen von Apollo verglichen werden kann. Der Titel προφῆτις ist wohl bewußt gewählt, denn er gibt dem, was Hanna über das Kind Jesus „zu allen, die auf die Erlösung Jerusalems warteten" redet, einen prophetischen Charakter.[70]

Von prophetisch begabten Frauen berichtet Lukas auch in der Apostelgeschichte. Die vier Töchter des in Cäsarea wohnenden Apostels Philippus werden „prophezeiende Jungfrauen" (παρθένοι προφητεύουσαι) genannt (Apg. 21,9);[71] interessant dabei ist die Betonung ihrer Jungfräulichkeit, obwohl es schwierig zu sagen ist, ob diese als Vorausset-

---

67 Vgl. Yaakov S. Kupitz und Katell Berthelot, „Deborah and the Delphic Pythia: A New Interpretation of Judges 4:4–5", in M. Nissinen und C. E. Carter (Hrsg.), *Images and Prophecy in the Ancient Eastern Mediterranean* (FRLANT 233; Göttingen: Vandenhoeck & Ruprecht, 2009), 95–124.

68 Vgl. etwa Manfried Dietrich und Oswald Loretz, *Mantik in Ugarit: Keilalphabetische Texte der Opferschau – Omensammlungen – Nekromantie* (ALASP 3; Münster, Ugarit-Verlag, 1990), 238; Klaas Spronk, „Deborah, a Prophetess: The Meaning and Background of Judges 4:4–5", in J. C. de Moor (Hrsg.), *The Elusive Prophet: The Prophet as Historical Person, Literary Character, and Anonymous Artist* (OTS 45; Leiden: Brill, 2001), 232–242.

69 S. z. B. Andrés García Serrano, *The Presentation in the Temple: The Narrative Function of Luke 2:22-39 in Luke-Acts* (AnBib 197; Rome: Gregorian and Biblical Press, 2012), 192–200; Susan Harris, "Letting (H)Anna Speak: An Intertextual Reading of the New Testament Prophetess (Luke 2.36-38)", *Feminist Theology* 27 (2018), pp. 60-74.

70 Somit gegen die Auffassung, Lukas hätte Hanna keine prophetische Rolle zugeschrieben; so z. B. Mary Rose D'Angelo, „(Re)presentations of Women in the Gospel of Matthew and Luke-Acts", in R. S. Kraemer und eadem (Hrsg.), *Women and Chrtistian Origins* (New York: Oxford University Press, 1999), 171–95, dort 186.

71 S. z. B. Turid Karlsen Seim, *The Double Message: Patterns of Gender in Luke-Acts* (London: T & T Clark, 2004), 180–183.

zung der Prophetinnenrolle angesehen wurde. Ihre prophetische Tätigkeit ist nicht näher bestimmt und wird sonst nirgendwo im Neuen Testament erwähnt, aber die Töchter von Philippus haben gerade als Frauen eine Wirkungsgeschichte etwa einhundert Jahre später in der „neuen Prophetie", d.h. Montanismus, für dessen Prophetinnen sie als Vorbild dienten.[72] Es ist wahrscheinlich, daß die frühchristliche Tradition von den Töchtern Philippi ihre Wurzel teilweise unabhängig von der Apostelgeschichte ableitet, was darauf hinweist, daß diese Frauen gerade als Prophetinnen in gutem Ruf gestanden haben.[73]

In weniger sympathischem Ton berichtet die Apostelgeschichte von einer prophetisch begabten Frau in der Stadt Philippi (Apg. 16,16–18).[74] Sie ist eine Sklavin, die angeblich einen Wahrsagegeist hatte, Dank dessen sie ihren Besitzern viel Geld einbringen konnte. Sie lief hinter Paulus und verkündete, er und seine Gefährten seien "Diener des höchsten Gottes, die euch den Weg des Heils verkündigen", also ein Heilsorakel an Paulus. Diese Frau wird aber nicht als wahre Prophetin vorgestellt. Die Bezeichnung des Wahrsagegeistes, πνεῦμα πύθωνα, weist auf griechisches Orakelpraxis hin, und sie verkündet im Auftrag ihrer Besitzer. Dies berechtigt Paulus, sie zum Schweigen zu bringen und den durch sie sprechenden Geist zu verbannen. Der Bericht geht zwar davon aus, daß es um einen wirklichen Geist ging, er hätte sie nämlich zu derselben Stunde verlassen.

In seinen eigenen Briefen setzt Paulus selbst voraus, daß auch Frauen prophezeien mögen. Das elfte Kapitel des ersten Korintherbriefes behandelt das Problem des geschlechtsspezifischen Verhaltens im Gottesdienst, wobei Paulus manche Vorschläge gibt, ohne eine endgültige Lösung zu erreichen. Von Frauen schreibt er: „Eine Frau aber, die betet oder prophetisch redet mit unbedecktem Haupt, schändet ihr

---

72 Zu den Prophetinnen im Montanismus s. Antti Marjanen, „Female Prophets among Montanists," in Stökl und Carvalho (Hersg.), *Prophets Male and Female*, 127–143.
73 Vgl. Eusebius, *Hist. eccl.* 3.31.3–4, 5.17.2–3 und s. Christopher R. Matthews, *Philip, Apostel and Evangelist: Configurations of a Tradition* (NTSup 105; Leiden: Brill, 2002), 23–27.
74 S. Seim, *The Double Message*, 172–174; Marianne Bjelland Kartzow, *Destabilizing the Margins: An Intersectional Approach to Early Christian Memory* (Eugene, OR: Pickwick, 2012), 122–132.

Haupt" (1Cor 11,5). Das Problem hier ist nicht, daß eine Frau prophetisch reden mag, sondern es geht ausdrücklich um die Kopfbedeckung. Wenn Paulus aber im 14. Kapitel seine Gedanken über Prophetie weiterentwickelt, kommt er zu dem bekannten Ergebnis, daß die Frauen eigentlich schweigen sollten (1Cor 14:34), was nicht nur mit V. 5 im Widerspruch steht, sondern auch damit kaum übereinstimmt, was Paulus anderswo über seine apostolischen Kolleginnen wie Phöbe und Junia schreibt. Wie auch immer die Rolle der Frauen in den Gemeinden in den Paulusbriefen zu verstehen sei,[75] gelten auch diese Texte als Beweis dafür, daß in den frühchristlichen Gemeinden neben Männer auch Frauen als Propheten erschienen sind.

Insgesamt sind Frauen in den biblischen Texten seltener als Männer als Propheten zu treffen, aber andererseits ist ihr Vorhandensein doch merkwürdig, weil den Frauen sonst besonders im Alten Testament sehr wenige religiöse Aufgaben zuteil werden. Dies berechtigt sogar die Rede von „Resten" altorientalischen oder altostmediterranischen Prophetentums, denn es hat den Anschein, als sei die kulturgeschichtlich gestützte Genderinklusivität der Prophetie ein langfristiges Erbe gewesen, das selbst in den sonst von Männern angeführten religiösen Gemeinschaften den Frauen eine legitime – wenn auch manchmal umstrittene oder gar bestrittene – Ausdrucksweise ermöglicht hat, offenbar oft ohne Billigung der religiösen oder gesellschaftlichen Führungseliten.

Die prophetische Ekstase

Wer überhaupt behaupten kann, göttlicher Offenbarungen teilhaftig sein zu können, muß eine Erfahrung eines veränderten Bewußtseinszustandes haben, denn in einem normalen Wachzustand ist es wohl unmöglich, übermenschliche Stimmen zu hören oder Visionen zu schauen. Ein Zustand, der so etwas ermöglicht, wird Ekstase, verschiedentlich auch Trance oder Besessenheit genannt. In der alttestamentlichen Wissenschaft sind die Meinungen bezüglich der Ekstase der

---

75 Im Allgemeinen macht Paulus einen deutlichen Unterschied zwischen den Geschlechtern, wobei der Mann als Normalfall erscheint und die Differenz durch die Frau offenbar wird; s. Jorunn Økland, *Women in Their Place: Paul and the Corinthian Discourse of Gender and Sanctuary Space* (JSNTSup 269; London: T & T Clark, 2004), 194–199.

biblischen Propheten zwar seit dem 19. Jahrhundert geteilt gewesen, denn manche Alttestamentler haben im Sinne von Wellhausen die ekstatische Prophetie von der wahren, vernünftigen Prophetie getrennt, während andere, wie z. B. schon Bernhard Duhm[76] und später besonders Gustav Hölscher[77] mehr Verständnis für ekstatische oder „psychologische" Dimensionen der Prophetie gehabt haben. Auch Hermann Gunkel hat davor gewarnt, die „seltsamen seelischen Vorgänge" der Propheten zu übersehen: „Man unterschätze diese ekstatische Grundlage, auch der höchst stehenden Propheten nicht! Aus solchen Erlebnissen sogen auch sie die Sicherheit, selbst ihrer tiefsten Überzeugungen."[78]

Insofern unterscheidet sich die Auffassung von Duhm, Hölscher und Gunkel von dem geläufigen evolutionistischen Modell[79] gar nicht, als die großen Propheten für dieses als Vertreter und Bahnbrecher einer höhere Form der Religion, der nach Hölscher die „ethische Verinnerlichung" wesentlich sei, galten: „Die Moral, die Jahwe fordert, ist eine höhere als in der Ba'alreligion."[80] Auch Hölscher hielte die großen Propheten für Reformer, die über den üblichen Propheten emporragten, wenn auch „dem Drange des Geistes folgend", also in einem ekstatischen Sinneszustand.[81] Hölscher hat keine Hemmungen, vor allem den

---

76 Bernhard Duhm, *Die Theologie der Propheten als Grundlage für die innere Entwicklungsgeschichte der israelitischen Tradition* (Bonn: Marcus, 1875), 34; vgl. idem, *Israels Propheten*, 95 zu Amos: „In der Ekstase des Sehers, der Begeisterung des Dichters, erkennt man etwas, was nicht der gewöhnlichen Stimmung, Art, Fähigkeit des Menschen entstammt, sondern von höheren Wesen bewirkt wird."
77 Hölscher, *Die Profeten*, 4–78.
78 Gunkel, *Die Propheten*, 30. Den ekstatischen Erfahrungen entstamme auch Unheilsprophetie, denn „solche Äußering des Zornes darf doch nicht dazu verleiten, das Ekstatische, daß auch den schriftstellerischen Propheten innewohnt, zu übersehen. Denn der versteht sie schlecht, die sie für ‚nüchtern' erklärt" (ibid., 11). Die Spitze gegen Wellhausen ist leicht zu erkennen.
79 Zu „Schichten der Religion" vgl. Duhm, *Israels Propheten*, 5–8.
80 Hölscher, Die Profeten, 184; vgl. Kittel, Die Religion des Volkes Israel, 48: „Es stehen im Grunde zwei Religionen einander gegenüber, die freilich beide das gemein haben, daß sie sich zu Jahwe bekennen; die *Volksreligion* und die *höhere Religion*" (Hervorhebung im Original). Mit der Volksreligion ist die im Lande Kanaan unter Einfluss der Baalreligion entstandene bodenständige Religion gemeint.
81 Ibid., 156–157.

Propheten Ezechiel mit ganz farbigen Worten als Ekstatiker vorzustellen:

> Ja die ältesten der Judenkolonie verschmähten es nicht, den Gottesmann in seinem Hause aufzusuchen, zuzuschauen, wie die Ekstase den unheimlichen Mann in weite Fernen entrückte, aus denen wiederkehrend er Botschaft zurückbrachte, die man voll Schaudern anhörte und an sie zu glauben man doch nicht den Mut hatte. Als ein halb angesehener, halb bespöttelten Derwisch wirkte Hesekiel unter den Exulanten. Das war die Tragik seines Lebens, unter der er gelitten hat, bis die Tatsachen ihm furchtbar recht gaben.[82]

Im Gefolge von Hölscher wird man konstatieren müssen, daß „wenn Ezechiel keine ekstatische Erfahrungen hat, dann gibt es keine Kriterien mehr zu urteilen, daß überhaupt jemand in der Antike solche Erfahrungen gehabt hat."[83] Ezechiel ist aber nicht der einzige prophetisch Begabte, der sich in der Bibel ekstatisch benimmt. Selbst das Verb הִתְנַבֵּא/נִבָּא, abgeleitet von נָבִיא (,Prophet') ist häufig mit Performanzen ekstatischer Art verbunden, wobei der Prophet von der Hand oder dem Geist Jahwes besessen ist. Visionen (Jer 24; Am 7,1–9; 8,1–3; 9,1–4; Sach 1–6 usw.) schaut man nicht in einem geläufigen Wachzustand, und auch die sogenannten symbolischen Handlungen der Propheten (Jes 20,1–2; Jer 25,15–26; Ez 4,1–3 usw.) sind öfters wohl als Zeichen der Gottesbesessenheit anzusehen. Die alttestamentlichen wie auch neutestamentlichen Propheten von Elia bis Jesus und Paulus schauen Visionen und sehen außerirdische Erscheinungen,[84] sind vom Geist Gottes entrückt[85] oder sind bei der göttlichen Ratsversammlung anwesend.[86] Auch in den Qumranschriften sind Hinweise auf Orakel gesprochen von jemandem, der sich „unter den Göttern" (עִם אֵלִים) befindet, zu

---

82 Ibid., 305–306.
83 Lester L. Grabbe, *Priests, Prophets, Diviners, Sages: A Socio-Historical Study of Religious Specialists in Ancient Israel* (Valley Forge: Trinity Press International, 1995), 110 (meine Übersetzung).
84 Z. B. 2Kön 5,26; 6,17; Ez 1; 2,9–3,3; 8; 10; Mark 1,10–11parr; Matt 17,1–8; Apg 9,3–8 und die Johannesapokalypse.
85 Z. B. 1Kön 18,12; 2Kön 2,16; Ez 3,12–15; 11; 37,1–14; Matt 4,3–10parr; 2Kor 12,1–5.
86 Vgl. 1Kön 22,19–23; Jes 6; Jer 23,16–22; Am 3,7; Sach 3,1–7.

finden.⁸⁷ Der veränderte Bewußtseinszustand kann also nicht nur mit der Raserei der angeblich „kanaanäisch" geprägten frühen Prophetie verbunden werden. Er kann wohl in allen Zeiten mit Hilfe von Psychologie und Anthropologie erklärt werden,⁸⁸ es ist aber auch klar, daß die prophetische Ekstase die biblische Prophetie mit ihrem kultur- und religionsgeschichtlichen Kontext verknüpft.

In einem assyrischen Gebet an den Gott Nabû sagt der Beter etwas, was die Dynamik der Prophetie schön zusammenfaßt: „Ich wurde angerührt wie ein Prophet: was ich nicht weiß, verkünde ich."⁸⁹ Ein Prophet ist also von dem Gott angerührt und spricht nicht seine eigene

---

87   So in dem sogenannten „Self-Glorification Hymn" 4Q491c 1 17; s. dazu z. B. Florentino García Martínez, „Old Texts and Modern Mirages: The ‚I' of Two Qumran Hymns", in E. J. C. Tigchelaar (Hrsg.), *Qumranica Minora 1: Qumran Origins and Apocalypticism* (STDJ 63; Leiden: Brill, 2007), 105–125; Joseph Angel, „The Liturgical-Eschatological Priest of the Self-Glorification Hymn", *RevQ 96* (2010): 585–605; Katri Antin, „Sages in the Divine Council: Transmitting Divine Knowledge in Sirach 24, *1 Enoch* 14–16, Daniel 7, and in Two *Hodayot* Psalms (1QHa 12:6–13:6; 20:7–22:42)", in M. S. Pajunen und H. Tervanotko (Hrsg.), *Transgressing Imaginary Boundaries: The Dead Sea Scrolls in the Context of Second Temple Judaism* (PFES 108; Helsinki: Finnish Exegertical Society, 2015), 182–209; Nissinen, *Prophetic Divination*, 657–660.

88   Vgl. etwa I. M. Lewis, *Ecstatic Religion: A Study of Shamanism and Spirit Possession* (2. Auflage; New York: Routledge, 1989); Morton Klass, *Mind over Mind: The Anthropology and Psychology of Spirit Possession* (Lanham, MD: Rowman & Littlefield, 2003); Michael Reichardt, *Psychologische Erklärung der paulinischen Damaskusvision? Ein Beitrag zum interdisziplinären Gespräch zwischen Exegese und Psychologie seit dem 18. Jahrhundert* (SBB 42; Stuttgart: Katholisches Bibelwerk, 1999); Colleen Schantz, *Paul in Ecstasy: The Neurobiology of the Apostle's Life and Thought* (Cambridge: Cambridge University Press, 2009); Alan Humm, *Psychology of Prophecy in Early Christianity: Prophetism and Religious Altered States of Consciousness* (Piscataway, NJ: Gorgias Press, 2009); und die Beiträge zu B. E. Schmidt und L. Huskinson, *Spirit Possession and Trance: New Interdisciplinary Perpectives* (London: Continuum, 2010).

89   SBLWAW 41 Nr. 118b, Z. 12: *allapit kīma maḫḫê ša lā īdû ubbal*; s. Martti Nissinen, mit Beiträgen von C.-L. Seow, Robert K. Ritner und H. Craig Melchert, *Prophets and Prophecy in the Ancient Near East* (2. Auflage; SBLWAW 41, Atlanta: SBL Press, 2019), 193–194; idem, „An Acrostic Prayer to Nabû", in C. Körting und R. G. Kratz (Hrsg.), *Fromme und Frevler: Studien zu Psalmen und Weisheit, Festschrift für Hermann Spieckermann zum 70. Geburtstag* (Tübingen: Mohr Siebeck, 2020), 3–18.

Worte, sondern gibt nur wieder was der Gott ihm auszusprechen gibt (vgl. Apg. 2,4). In der akkadischen Sprache wird für die prophetische Performanz das Verb *maḫû* (,ins Rasen kommen', ,verrückt werden') verwendet, und das davon abgeleitete Wort *muḫḫûm/maḫḫû* steht für ,Prophet', was der prophetischen Tätigkeit schon eine stark ekstatische Prägung gibt. In den sumerisch-akkadischen Wortlisten sowie in Omentexten und Verwaltungsdokumenten sind die Propheten regelmäßig in der Nähe von anderen Ekstatikern, Klagepriestern und *assinnu*s zu finden,[90] und die Anwesenheit von Prophetinnen in der Götterversammlung wird in Assur sogar kultisch gefeiert.[91]

Das griechische Wort, das inhaltlich dem hebräischen נבא und dem akkadischen *maḫû* entspricht, ist μανία ,Wahnsinn', der laut Platon für alle Arten von Mantik (μαντική) und für alle Kommunikation zwischen Göttern und Menschen unentbehrlich ist.[92] Auch die Prophetinnen des Apollo prophezeien unter dem Einfluß einer göttlichen Substanz. Jamblich z. B. erklärt die Ekstase der Apolloprophetinnen in Didyma als Symptom der Gottbesessenheit, wobei die Prophetin von dem aus dem heiligen Brunnen gequollenen Geist inspiriert gewesen sei.[93] Die angeblich wilde Raserei der delphischen Pythia ist in historisch weniger zuverlässigen Quellen beschrieben,[94] aber alle Berichte gehen davon aus, daß sie die Worte des Apollo in einem inspirierten Zustand vermittelte. Die Meinungen gingen schon in der Antike auseinander, wie diese Inspiration näher zu bestimmen sei. Entweder gäbe Apollo einen Impuls an die Seele Pythias ab, der in Kombination mit dem Impuls, der

---

90 SBLWAW 41 120, 123–130; 135l–n; 135q (Nissinen et al, *Prophets and Prophecy in the Ancient Near East*, 210, 214–222, 244–247, 250).
91 SBLWAW 41 110 (ibid., 179).
92 Platon, *Phaidros*, 244–245; zu μανία bei Platon s. Flower, *The Seer in Ancient Greece*, 84–88; Marco Frenschkowski, *Prophetie: Innovation, Tradition und Subversion in spätantiken Religionen* (StAC 10; Stuttgart: Hiersemann, 2018), 39–47.
93 Jamblich, *Myst.* 3.11; s. Crystal Addey, „Divine Possession and Divination in Graeco-Roman World: The Evidence from Iamblichus's *On the Mysteries*", in Schmidt und Huskinson (Hrsg.), *Spirit Possession and Trance*, 171–185; eadem, *Divination and Theurgy in Neoplatonism: Oracles of the Gods* (Farnham: Ashgate, 2014), 215–237.
94 Vgl. Trampedach, *Politische Mantik*, 188 zu Pythias Raserei: „Die Hypothese ist eine anachronistische Kombination, die jeglicher Unterstützung durch die zeitgenössische Überlieferung ermangelt."

von Pythias eigener Seele ausgeht, zu prophetischer Rede führt; oder dieser Impuls sei von einem δαίμων gegeben oder aus der Erde hervorgedrungen.⁹⁵ Der veränderte Bewußtseinszustand der Pythia wird jedoch nie in Zweifel gezogen.

Das Bild der prophetischen Tätigkeit ist also in den altorientalisch-ostmediterranen Quellen im Allgemeinen durch Ekstase geprägt, wie auch immer sie zum Vorschein gekommen sein mag. Die Bibel bildet dabei keine Ausnahme. Daß die Rede von „Resten" des altorientalischen Prophetentums trotzdem berechtigt ist, kommt daher, daß das ekstatische Wesen der Prophetie im Alten Testament bei alledem mit einer gewissen Ambivalenz beurteilt wird: „Ein Narr ist der Prophet und wahnsinnig der Mann des Geistes" (Hos 9,7). Dies hängt wohl damit zusammen, daß die Schriftgelehrten der Zeit des zweiten Tempels, also die eigentlichen Autoren der Prophetenbücher, die die prophetische Funktion für sich übernahmen, indem sie die göttlichen Worte schriftlich übermittelten, die prophetischen Erscheinungen ihrer eigenen Zeit nicht gerade hochschätzten. Auf sie geht wohl die Vorstellung zurück, der prophetische Geist sei mit den letzten Schriftpropheten endgültig erloschen – eine Idee, die auch die moderne Wissenschaft seit Wellhausen und Hölscher bis zu den letzten Jahrzehnten vorwiegend geteilt hat.⁹⁶

Daß allerdings die Vermittlung göttlicher Botschaften in einem veränderten Bewußtseinszustand nie vollständig aufhörte, lässt sich schon deshalb vermuten, weil die inzwischen entstandene Apokalyptik in all ihrer Schriftlichkeit ohne sie kaum vorstellbar ist, und auch deshalb, weil sie im Neuen Testament wieder anzutreffen ist. Paulus z. B. bewertet die von dem Geist inspirierte prophetische Rede ganz und gar

---

95   Plutarch, *Mor.* 5.404e–f; 414e–415c; 432d; zur modernen Diskussion vgl. auch Lisa Maurizio, „Anthropology and Spirit Possession: A Reconsideration of the Pythia's Role at Delphi", *JHS 115* (1995): 69–86; Flower, *The Seer in Ancient Greece*, 88–91; Johnston, *Ancient Greek Divination*, 45–47; Fritz Graf, „Apollo, Possession, and Prophecy", in L. Athanassaki, R. P. Martin und J. F. Miller (Hrsg.), *Apolline Politics and Poetics: Interntaional Symposium* (Athen: European Cultural Centre of Delphi, 2009), 587–605; Dillon, *Omens and Oracles*, 368–370.

96   Zum Erlöschen der Prophetie s. Stephen L. Cook, *On the Question of the „Cessation of Prophecy" in Ancient Judaism* (TSAJ 145; Tübingen: Mohr Siebeck, 2011); Frenschkowski, *Prophetie*, 93–118.

positiv, wenn auch die Prophezeiung kontrolliert werden müsse: „Die Geister der Propheten sind den Propheten untertan (πνεύματα προφητῶν προφήταις ὑποτάσσεται). Denn Gott ist nicht ein Gott der Unordnung, sondern des Friedens" (1Cor 14:32–33). Hier zeigt sich aber zugleich die Ambivalenz der prophetischen Ekstase. Die letztendliche Unkontrollierbarkeit der Prophetie verdankt sich dem Geist, der nach Paulus allerdings den Propheten untertan ist, was die Freiheit des göttlichen Geistes nicht wenig begrenzt. Die für Wellhausen bedeutende Unterscheidung zwischen ekstatischer und nüchterner Prophetie zeigt sich schon bei den frühchristlichen Autoren. Während Philon von Alexandria, ein Zeitgenosse des Paulus, die Prophetie noch durchaus mit Worten wie ἔκστασις, ἔνθεος und μανία erklärte,[97] waren z. B. Origen und Laktanz der festen Meinung, die wahre biblische und christliche Prophetie sei göttlich inspiriert, aber nicht ekstatisch.[98]

Kontinuität und Diskontinuität

Das vergleichende Studium der Quellen, die das prophetische Phänomen dokumentieren, beweist eindeutig, daß die biblische Prophetie religionsgeschichtlich zu ihrem altorientalisch-altostmediterranen Kontext gehört und im gewissen Sinne sich daraus „emporgearbeitet" hat. Damit ist nicht gemeint, Prophetie im alten Israel (oder eher im persisch-hellenistischen Juda) sei von ihrem Kulturkontext losgelöst gewesen, wohl aber, daß die biblische Prophetie als ein schriftliches Phänomen von der althebräischen Prophetie zu unterscheiden ist. Der

---

97 Philon, *Spec.* 1:65; *Migr.* 34–35; s. John R. Levison, „Philo's Personal Experience and the Persistence of Prophecy", in M. H. Floyd und R. D. Haak (Hrsg.), *Prophets, Prophecy, and Prophetic Texts in Second Temple Judaism* (LHBOTS 427; London: T & T Clark, 2006), 276–97.

98 Origen, *Princ.* 3.3.4–5; Laktanz, *Inst.* 1.4.2–3; 7.18.1; s. Outi Kaltio, „Valuing Oracles and Prophecies: Lactantius and the Pagan Seers", in Kajava (Hrsg.), *Studies in Ancient Oracle and Divination*, 199–213. Dies hindert Laktanz nicht daran, manche Orakel von Apollo aus Didyma und Klaros auch in einem positiven Sinne zu zitieren. Im Allgemeinen leiten die frühchristlichen Autoren die Inspiration der Apolloprophetinnen von Dämonen ab; s. Jesús M.a Nieto Ibáñez, *Cristianismo y profecías de Apolo: Los oráculos paganos en la Patrística griega (siglos II-V)* (Madrid: Trotta, 2010), 84–103.

Vergleich zwischen den biblischen Texten und anderen altorientalischen Dokumenten hat es inzwischen deutlich gemacht, daß die von Wellhausen stark betonte Wende wohl stattgefunden hat, freilich in einer anderen Weise als er und viele andere es verstanden haben, denn wir haben es mit einer schriftgelehrten Wende zu tun. Die Überlieferungsgeschichte der biblischen Texte bezeugt eine tiefgehende Änderung der Idee von Prophetie, wobei das „vernünftige Mittel der Rede" tatsächlich an die Stelle der „tollen Wirbel" der irrationalen Schwärmerei getreten ist – oder m.a.W. der mündliche Auftritt durch literarische Auslegung ersetzt wurde. Dies entspricht wohl der Wellhausen'schen Unterscheidung zwischen den gewöhnlichen und außerordentlichen Propheten, aber wohl in einem von ihm stark abweichenden Sinne, denn das Außergewöhnliche liegt jetzt nicht mehr an dem selbständigen Geist der einzigartigen Einzelpersonen sondern vielmehr an dem literarischen Prozess, dem sich die Entstehung solcher Ausnahmen verdankt.[99]

Der Prozess von Literarisierung und Textualisierung verursachte eine Verwandlung des Prophetenbildes, wobei die Kennzeichen der altorientalisch-altostmediterranen prophetischen Tradition zwar nicht verschwunden, jedoch ganz und gar neu kontextualisiert sind. Was Reinhard Müller anhand der Psalmen geltend gemacht hat, kann *mutatis mutandis* auch von Prophetie gesagt werden: „Der untersuchte Motivkreis zeigt das Nebeneinander von Kontinuität und Diskontinuität, das die Geschichte der alttestamentlichen Überlieferungen insgesamt prägt."[100] Die von der hebräischen Bibel dokumentierte literarische Wende bedeutete Diskontinuität der mündlichen prophetischen Tradition, wobei manche typische Eigenschaften des prophetischen Phänomens, wie etwa die Genderinklusivität und die Ekstase, beträchtlich an Bedeutung verloren, obwohl sie auch nicht gänzlich getilgt wurden. Daß auch solche religionsgeschichtlich bedeutenden Züge der Prophetie offenbar mehrere Jahrhunderte überlebten, beweisen die späteren

---

99 S. Reinhard G. Kratz, „Das Neue in der Prophetie des Alten Testaments", in I. Fischer, K. Schmid und H. G. M. Williamson (Hrsg.), *Prophetie in Israel: Beiträge des Symposiums "Das Alte Testament und die Kultur der Moderne" anläßlich des 100. Geburtstags Gerhard von Rads (1901-1971), Heidelberg, 18.-21. Oktober 2001* (Altes Testament und Moderne 11; Münster: LIT Verlag, 2003), 1–22.
100 Müller, *Jahwe als Wettergott*, 250.

frühjüdischen und frühchristlichen Texte, die gerade deswegen in vergleichenden Studien der Prophetie mit einbezogen werden müssen, weil sie die Kontinuität anschaulich machen.

Auch die griechischen Quellen spielen dabei eine wichtige Rolle. Freilich überlappen sich die griechischen Quellen zeitlich nicht mit den uns bekannten altorientalischen Texten. Wenn man davon ausgehen darf, daß die uns zur Verfügung stehenden Quellen ein realistisches Bild vermitteln, ist der Anfang der Blüte des delphischen Orakels im siebten und sechsten Jh. v. Chr. ungefähr gleichzeitig mit dem schnellen Sonnenuntergang der mesopotamischen Prophetie nach dem Untergang des neuassyrischen Reiches anzusetzen, und zwar ohne dokumentierte Zwischenglieder. Als solche kommen auch die alttestamentlichen Texte nicht in Frage, sie sind aber von Bedeutung, weil sie mit beiden Kulturkreisen verbunden sind und sich mit ihnen zeitlich überschneiden. Im Vergleich mit dem Schriftgelehrtentum und der hochgelehrten Apokalyptik mag die traditionelle mündliche Prophetie in der Zeit des zweiten Tempels eine marginale Erscheinung gewesen sein. Daß sie im östlichen Mittelmeerraum immerhin fortdauernd wirksam war, zeigen uns die Quellen der hellenistisch-römischen Zeit, die zu unserem Verständnis der Geschichte der biblischen Prophetie wesentlich beitragen.

Um die Reste altorientalischen Prophetentums sachgemäß bewerten und die biblische Prophetie als Teil der Religionsgeschichte der alten Welt wahrnehmen zu können sind wir somit gut beraten, an einem möglichst umfassenden Quellenmaterial zu arbeiten. Biblische Prophetie ist kein selbsterzeugendes, sondern vielmehr ein in Wechselwirkung mit Entwicklungen ihres politisch-religiösen Kontextes gewobenes Phänomen. Die „Reste altorientalischen Prophetentums", d.h. die der altorientalisch-ostmediterranen Prophetie typischen Eigenschaften sind Schussfaden, die sich mehr oder weniger deutlich in der Bibel auszeichnen, ohne die das biblische Gewebe aber nicht zusammenhält.